MINISTÈRE DE LA GUERRE.

RÈGLEMENT DU 12 JUIN 1875

SUR

LES MANŒUVRES

DE L'INFANTERIE

TITRE QUATRIÈME

ÉCOLE DE BATAILLON

PARIS

LIBRAIRIE MILITAIRE DE J. DUMAINE

LIBRAIRE-ÉDITEUR

Rue et Passage Dauphine, 30.

1876

Par décision du 12 juin 1875, le présent
règlement est substitué à celui du 16 mars
1869 sur les manœuvres de l'infanterie.

Il sera mis immédiatement en pratique
dans les corps d'infanterie de l'armée.

Paris. — Imprimerie J. Dumaine, rue Christine, 2.

MINISTÈRE DE LA GUERRE.

RÈGLEMENT DU 12 JUIN 1875

SUR

LES MANŒUVRES

DE L'INFANTERIE

TITRE QUATRIÈME

ÉCOLE DE BATAILLON

PARIS
LIBRAIRIE MILITAIRE DE J. DUMAINE
LIBRAIRE-ÉDITEUR
Rue et Passage Dauphine, 30.

1876

RÈGLEMENT DU 12 JUIN 1875

SUR

LES MANŒUVRES

DE L'INFANTERIE

TITRE QUATRIÈME

ÉCOLE DE BATAILLON

Règles générales et division de l'école de bataillon (n°˙ **1** à **12**).

PREMIÈRE PARTIE.

CHAPITRE PREMIER.

CHAPITRE II.

DEUXIÈME PARTIE.

CHAPITRE PREMIER.

Combat du bataillon encadré.

CHAPITRE II.

Combat du bataillon non encadré (nᵒ 122).

Règles générales et division.

1. L'école de bataillon a pour objet de donner
au bataillon les moyens de manœuvrer et de com-
battre soit isolément, soit dans le régiment ou la
brigade.

2. Dans les manœuvres et le combat, les compagnies conservent leur autonomie ; elles sont
numérotées pour une première formation comme il

a été dit au titre Ier (n° 16), et dans le cours des mouvements de la première partie, comme il est prescrit pour les sections au titre III (n° 14).

3. Pour l'exécution des mouvements dans l'intérieur des compagnies, chacun se conforme aux principes et aux commandements prescrits au titre III.

4. L'école de bataillon est divisée en deux parties, chaque partie en deux chapitres, et chaque chapitre en trois articles.

Le premier chapitre de la première partie comprend les formations en ligne et en colonne que peut prendre le bataillon en ordre serré, le passage de l'une de ces formations à une autre.

Le deuxième chapitre, les alignements, le rassemblement, les feux, les marches et changements de direction du bataillon en ordre serré.

Le premier chapitre de la deuxième partie contient la formation en ordre dispersé du bataillon encadré, le fonctionnement de ses divers échelons dans le combat.

Le deuxième chapitre traite du combat du bataillon non encadré ou chargé d'une mission spéciale.

5. Le chef de bataillon n'a pas de place fixe à l'instruction ; il se porte partout où il juge sa présence nécessaire pour mieux surveiller l'exécution générale des mouvements et leur application au terrain.

En cas de fractionnement, le chef de bataillon reste, à moins d'ordres contraires, avec la portion du bataillon où il juge que sa présence est le plus nécessaire.

6. Les règles prescrites pour un bataillon en

tier s'appliquent à la réunion de deux ou trois compagnies.

7. Tant que le front de la ligne ou la profondeur de la colonne rend la chose possible, le chef de bataillon commande et dirige son bataillon à la voix. Dès qu'il ne peut plus le faire, il transmet ses ordres par l'adjudant-major, par l'adjudant ou par des ordonnances. Un ou deux hommes intelligents dans chaque compagnie sont désignés pour ce service.

L'adjudant-major et l'adjudant secondent, en outre, le chef de bataillon pour tout ce qui regarde le tracé des lignes.

Dans les manœuvres, l'adjudant-major est au besoin remplacé par l'adjudant, dont les fonctions sont alors remplies par un sous-officier que désigne le chef de bataillon.

8. Le chef de bataillon fait d'abord le commandement préparatoire. A ce commandement, qui n'est pas répété par les capitaines, ceux-ci font faire à leurs compagnies les mouvements préliminaires qui doivent précéder l'exécution du mouvement général ; puis le chef de bataillon fait le commandement d'exécution, qu'il confirme au besoin par un signe de son sabre.

9. Les capitaines doivent toujours être attentifs aux commandements et indications du chef de bataillon . ils s'y conforment sans retard.

Ils répètent le commandement de *Marche* du chef de bataillon lorsque leur compagnie doit se mettre immédiatement en mouvement ; ils répètent toujours le commandement de *Halte.*

Avant de faire leurs commandements, les capitaines se placent toujours face à leur compagnie, de manière à en être parfaitement entendus.

1.

Dans le cas où un des capitaines n'a pas distinctement entendu les commandements du chef de bataillon, il peut souvent les supposer par les mouvements qu'exécutent les compagnies voisines; il s'informe au besoin, puis il fait faire de lui-même à sa compagnie les mouvements nécessaires à l'exécution du commandement.

10. Toutes les fois que le bataillon s'arrête, après l'exécution d'un mouvement, les capitaines, dès qu'ils ont fait le commandement de *Fixe*, reprennent, ainsi que les chefs de section et les guides, la place qui leur est assignée à l'école de compagnie.

11. Les manœuvres en ordre serré ne s'exécutent au pas gymnastique que dans des circonstances exceptionnelles.

12. A l'instruction, lorsque la faiblesse des effectifs le rend nécessaire, on partage les compagnies en deux subdivisions représentant chacune une section; mais, pour que les colonnes de compagnie manœuvrent avec quatre sections, il est préférable de réunir, si on le peut, deux bataillons en un. Pour conserver autant que possible l'autonomie des fractions constituées, on ne les égalise que dans le cas d'une nécessité absolue.

PREMIÈRE PARTIE.

CHAPITRE PREMIER.

ARTICLE Iᵉʳ.

Formations en ligne.

13. En ligne, le bataillon prend les formations suivantes :

1° *Ligne déployée.* (FIG. 1 ci-contre.)

14. Les compagnies déployées sont placées sur la même ligne, dans l'ordre constitutif, conformément aux prescriptions du titre Iᵉʳ (n°ˢ 16 et suivants).

2° *Lignes de colonnes de compagnie.* (FIG. 2.)

15. Les colonnes de compagnies, ayant leur tête à la même hauteur, sont séparées l'une de l'autre par un intervalle de vingt-quatre pas.

ARTICLE II.

Formations en colonne.

16. En colonne, le bataillon prend les formations suivantes :

1° *Colonne de bataillon.* (FIG. 3.)

17. Les colonnes de compagnie, placées l'une derrière l'autre, ont entre elles une distance égale à un front de section plus six pas. Cette distance est mesurée du guide de la section de tête de chaque colonne de compagnie au guide de la section de queue de la compagnie qui la précède.

2° *Colonne double.* (FIG. 4.)

18. Cette colonne est formée de deux colonnes séparées par un intervalle de six pas; chacune d'elles est composée de deux colonnes de compagnie, l'une derrière l'autre, à six pas de distance.

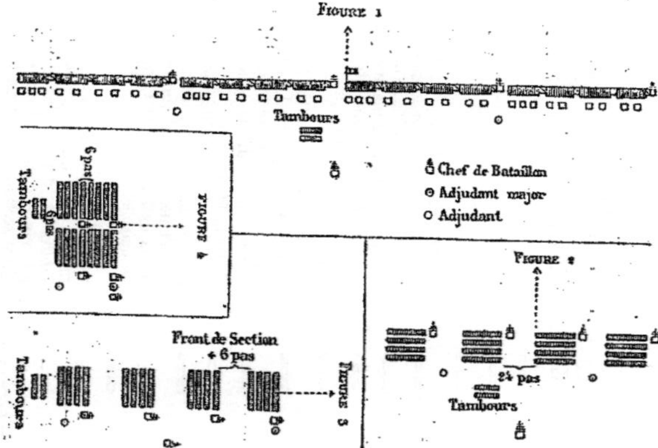

Figure 1
Tambours
Chef de Bataillon
Adjudant major
Adjudant
Figure 2
24 pas
Tambours
Figure 3
Front de Section + 6 pas
Tambours
Figure 4
6 pas
6 pas
Tambours

3° *Colonne à distance entière.*

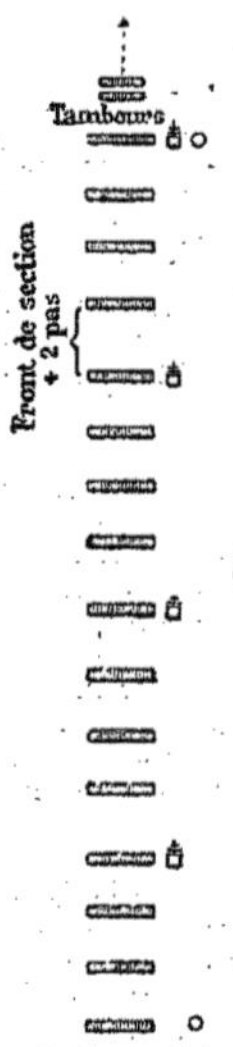

19. Les compagnies, ayant leurs subdivisions à distance entière, sont placées en colonne l'une derrière l'autre. Chacune d'elles occupe en profondeur un espace égal à son front, augmenté de deux pas (ou, lorsqu'on est en route, de la distance prescrite dans le service en campagne).

20. En principe, on manœuvre en ligne de colonnes de compagnie ou en colonne de bataillon ; avant toute manœuvre, le bataillon doit donc être ramené à l'une de ces deux formations.

Il n'est fait d'exception à cette règle que pour passer de la ligne déployée à la colonne à distance entière face à droite (gauche), ou réciproquement.

La colonne double est employée comme formation de rassemblement, la colonne à distance entière comme formation de marche.

21. Lorsque, pour l'instruction, les compagnies sont formées à deux sections, elles manœuvrent d'après les mêmes principes et par les mêmes commandements qu si elles étaient à quatre sections ; seulement, dan

la colonne de bataillon, elles prennent entre elles
une distance égale à un front de section, plus
dix-huit pas.

Observations.

22. Dans la formation en ligne déployée, les
places du chef de bataillon, de l'adjudant-major,
de l'adjudant, des tambours et des clairons sont
celles indiquées au titre 1er (n.ᵒˢ 30, 31, 32 et 35).

23. Dans la formation en ligne de colonnes de
compagnie, les places du chef de bataillon, de
l'adjudant major, de l'adjudant et des tambours
sont les mêmes qu'en ligne déployée; mais les
distances se comptent à partir des sections de
queue des colonnes de compagnie.

24. Dans les formations en colonne de bataillon et en colonne à distance entière, le chef de
bataillon se tient à quinze pas sur le flanc, du
côté des guides, à hauteur du centre de son bataillon. Dans la formation en colonne double, il
se place sur le flanc, à dix pas de la subdivision
de tête, du côté de la direction.

L'adjudant-major et l'adjudant se placent sur
le flanc de la colonne, du côté des guides et à six
pas d'eux; le premier à hauteur de la subdivision
de tête, le second à hauteur de la subdivision de
queue.

Les tambours et les clairons sur deux rangs,
en arrière de la dernière subdivision et à dix pas
des serre-files, si l'on est en colonne de bataillon
ou en colonne double; en tête de la première subdivision et à vingt pas, si l'on est en colonne à
distance entière.

25. Dans toutes les formations et manœuvres
en ordre serré, le drapeau et sa garde, ou le fa-

nion, suivent les mouvements de la section à la gauche de laquelle ils sont placés dans l'ordre constitutif.

ARTICLE III.

Passer d'une formation à une autre.

26. En principe, le passage d'une formation à une autre se fait le bataillon étant de pied ferme.

A moins d'indication contraire, la deuxième compagnie sert de base pour passer de l'une des formations en ligne à une autre, et pour prendre les intervalles ; c'est toujours sur cette compagnie que l'on se forme en colonne.

En colonne, on prend les distances par la tête de la colonne ; on serre et l'on se forme en ligne toujours sur la compagnie de tête du bataillon.

27. Pour les changements de formation, le chef de bataillon énonce dans le commandement préparatoire la formation à prendre.

Les commandements préparatoires sont les suivants :

1° Pour les formations en ligne :

Ligne de colonnes de compagnie (ou : *ligne de colonnes de compagnie sur telle compagnie*).

Ligne déployée (ou : *ligne déployée sur telle compagnie*).

2° Pour les formations en colonne :

Colonne de bataillon.

Colonne double.

Colonne à distance entière.

Si la ligne ou la colonne doit être formée face à droite (gauche), le commandement préparatoire est complété par le commandement :

Face à droite (gauche).

Le chef de bataillon fait ensuite le commandement d'exécution.

Passer d'une formation en ligne à un autre formation en ligne.

28. Pour *passer de la ligne déployée à la ligne de colonnes de compagnie*, le chef de bataillon commande :

Ligne de colonnes de compagnie.

MARCHE.

Au commandement préparatoire, les capitaines forment les colonnes de compagnie comme il a été indiqué au titre III (n⁰ˢ 147 et suivants); puis le capitaine de la première compagnie lui fait faire par le flanc gauche et commande : *En avant, guide à droite;* ceux des 3ᵉ et 4ᵉ leur font faire par le flanc droit et commandent : *En avant, guide à gauche.*

Au commandement de *Marche*, la 2ᵉ compagnie ne bouge pas: les trois autres se mettent en marche parallèlement au front et serrent, la 1ʳᵉ et la 3ᵉ à 24 pas sur la 2ᵉ, la 4ᵉ à 24 pas sur la 3ᵉ; elles sont alors arrêtées et remises face en avant. Elles s'alignent du côté de la compagnie de base; cette règle est générale pour toutes les formations en ligne.

Si le mouvement doit se faire sur une compa-

gnie autre que la 2ᵉ, on se conforme aux mêmes
principes; le commandement indique la compagnie de base.

29. Le bataillon étant en ligne de colonnes
de compagnie, le chef de bataillon peut faire appuyer les colonnes de compagnie l'une contre
l'autre à la limite extrême de six pas, au moyen
du commandement :

> *Serrez les intervalles* (ou : *serrez les inter-
> valles sur telle compagnie*).

MARCHE.

Le mouvement s'exécute sur la compagnie de
base comme il vient d'être expliqué (n° 28).

La ligne ainsi serrée peut, de même que la colonne double, être employée comme formation de
rassemblement.

30. Le bataillon étant en ligne de colonnes de
compagnie, le chef de bataillon peut également
faire prendre aux colonnes de compagnie leurs
intervalles de déploiement sans les déployer; à cet
effet, il commande :

> *Ouvrez les intervalles* (ou : *ouvrez les inter-
> valles sur telle compagnie*).

MARCHE.

Au commandement préparatoire, la compagnie
de base ne bouge pas; les compagnies qui sont à
sa droite font par le flanc droit, celles qui sont à
sa gauche, par le flanc gauche; les fourriers des
compagnies des ailes se détachent pour jalonner
la ligne à droite et à gauche, sur le prolongement
de la section de tête de la compagnie de base; ils

s'établissent un peu au delà du point où doit arriver leur compagnie.

Au commandement de *Marche*, les compagnies qui ont fait par le flanc se mettent en marche parallèlement au front; elles sont arrêtées et remises face en avant lorsqu'elles ont gagné leurs intervalles de déploiement. Les fourriers se retirent au moment où les capitaines des compagnies extrêmes commandent : *Fixe*.

31. La ligne étant à intervalles de déploiement ou à intervalles de six pas, on revient à la formation en ligne de colonnes de compagnie d'après les principes énoncés ci-dessus (n°ˢ 28 et 30); dans les deux cas, le chef de bataillon commande :

> *Ligne de colonnes de compagnie.*

> Marche.

32. Pour *passer de la ligne de colonnes de compagnie à la ligne déployée*, le chef de bataillon commande :

> *Ligne déployée* (ou : *ligne déployée sur telle compagnie*).

> Marche.

Au commandement préparatoire, les capitaines font prendre les dispositions préliminaires pour ouvrir les intervalles, conformément à ce qui a été dit (n° 30); celui de la compagnie de base commande : *Deployez*.

Au commandement de *Marche*, la compagnie de base se déploie; celles qui ont fait par le flanc gagnent leurs intervalles de déploiement, puis elles sont arrêtées et déployées.

Passer d'une formation en ligne
à une formation en colonne.

33. Le mouvement s'exécute par des moyens différents, suivant que la colonne doit avoir la direction de ses guides perpendiculaire ou parallèle à l'ancienne ligne.

34. Pour *passer de la ligne de colonnes de compagnie à la colonne de bataillon (colonne perpendiculaire)*, le chef de bataillon commande :

Colonne de bataillon :

MARCHE.

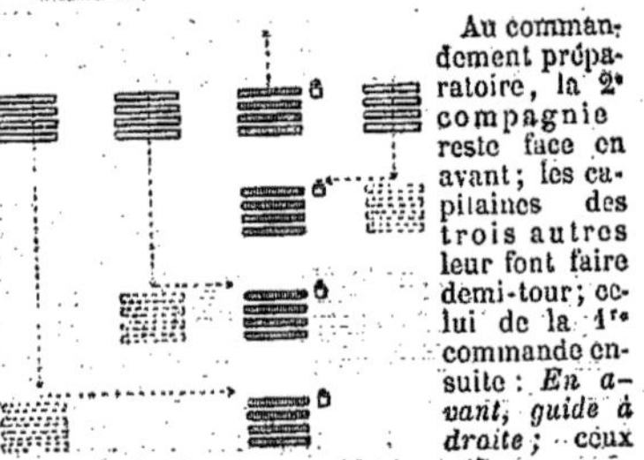

Au commandement préparatoire, la 2ᵉ compagnie reste face en avant; les capitaines des trois autres leur font faire demi-tour; celui de la 1ʳᵉ commande ensuite : *En avant, guide à droite*; ceux des 3ᵉ et 4ᵉ : *En avant, guide à gauche.*

Au commandement de *Marche*, la 2ᵉ compagnie ne bouge pas, ses guides se placent dans une direction perpendiculaire au front de la ligne, s'ils n'y sont déjà; ils sont assurés par le capitaine.

Les trois autres compagnies se portent perpendiculairement en arrière ; chacune d'elles entre dans
la colonne par un mouvement de flanc, dans l'ordre prescrit pour les sections au titre III (n° 150),
et à distance de section, plus six pas de la compagnie qui la précède. Les compagnies sont successivement arrêtées et remises de front, lorsque
leur droite est arrivée dans le prolongement de la
droite des compagnies déjà établies ; elles s'alignent à droite du côté des guides placés exactement à leur distance derrière ceux de ces compagnies ; les capitaines y veillent.

Cette règle, ainsi que celle relative aux guides
de la compagnie de base, est générale pour toutes
les formations en colonne ; elle ne sera pas répétée.

35. Pour *passer de la ligne de colonnes de compagnie à la colonne double (colonne perpendiculaire)*, le chef de bataillon commande :

Colonne double.

MARCHE.

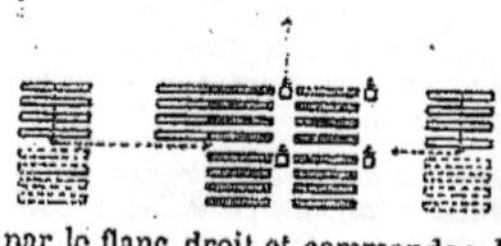

Au commandement préparatoire, la 2e compagnie ne bouge pas ; le capitaine de la 3e lui fait faire par le flanc droit et commande : *En avant, guide à gauche* ; ceux des 1re et 4e leur font faire demi-tour et commandent, celui de la 1re : *En avant, guide à droite*, et celui de la 4e : *En avant, guide à gauche.*

Au commandement de *Marche*, la 3e compagnie serre à six pas sur la deuxième, d'après les

principes prescrits (n° 28) ; les deux autres compagnies se portent, la 1re derrière la 2e, la 4e derrière la 3e, comme il a été indiqué (n° 34), mais à
six pas de distance.

36. Pour *passer de la ligne de colonnes de compagnie à la colonne de bataillon (colonne parallèle)*, le chef de bataillon commande :

Colonne de bataillon face à gauche (droite).

MARCHE.

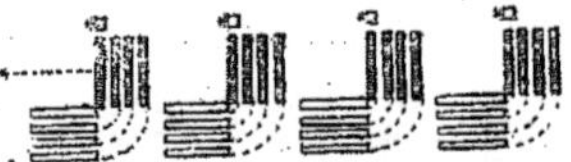

Au commandement préparatoire, chaque capitaine commande : *Changement de direction par
le flanc droit (gauche).*

Au commandement de *Marche*, chaque compagnie exécute un changement de direction par le
flanc droit (gauche), par les moyens prescrits au
titre III (n°s 190 et suivants).

37. Pour *passer de la ligne déployée à la colonne à distance entière (colonne parallèle)*, le chef
de bataillon commande :

*Colonne à distance entière, face à droite
(gauche).*

MARCHE.

Au commandement préparatoire, chaque capitaine commande : *Sections à droite (gauche).*

Au commandement de *Marche*, le mouvement

s'exécute d'après les moyens prescrits au titre III (n°ˢ 246 et 247).

Passer d'une formation en colonne à une autre formation en colonne.

38. Pour *passer de la colonne de bataillon à la colonne double*, le chef de bataillon commande :

Colonne double.

MARCHE.

Au commandement préparatoire, la 1ʳᵉ compagnie ne bouge pas ; le capitaine de la 2ᵉ commande : *En avant* ; ceux des deux autres compagnies leur font faire à gauche, et commandent : *En avant, guide à droite.*

Au commandement de *Marche*, la 2ᵉ compagnie se porte en avant ; elle est arrêtée par son chef lorsqu'elle arrive à six pas de la compagnie de tête. Les deux autres compagnies se mettent en marche, déboîtent de la colonne, font ensuite à droite, et se portent, en prenant le guide à droite, à la gauche des deux compagnies déjà établies et à six pas d'elles, chacune des sections de tête à hauteur de celle de la compagnie correspondante ; les compagnies, en s'arrêtant, s'alignent à droite.

39. On passe de la colonne double à la colonne de bataillon de deux manières : en arrière, ou en avant de la tête de la colonne.

40. Pour *passer de la colonne double à la colonne de bataillon* en arrière de la tête de la colonne, le chef de bataillon commande :

Colonne de bataillon.

MARCHE.

Au commandement préparatoire, la compagnie de tête de la colonne de droite reste face en avant ; les capitaines des trois autres compagnies leur font faire face en arrière et commandent : *En avant, guide à gauche.*

Au commandement de *Marche,* la compagnie de tête de la colonne de droite ne bouge pas ; les autres compagnies se portent perpendiculairement en arrière.

Quand la 2e compagnie de la colonne de droite a sa distance, son chef lui fait faire demi-tour en l'arrêtant.

La compagnie de tête de la colonne de gauche, aussitôt qu'elle a sa distance, fait à gauche en marchant pour entrer dans la colonne, et quand sa droite arrive derrière celle des compagnies déjà établies, le capitaine l'arrête par le commandement : *Par le flanc gauche.* — HALTE.

La 2e compagnie de la colonne de gauche exécute son mouvement comme il vient d'être expliqué pour la 1re.

41. Pour *passer de la colonne double à la colonne de bataillon* en avant de la tête de la colonne, le chef de bataillon commande :

Colonne de bataillon, la droite en avant.

MARCHE.

Au commandement préparatoire, le capitaine de la compagnie de tête de la colonne de droite commande : *En avant;* ceux des compagnies de la colonne de gauche leur font faire par le flanc droit.

Au commandement de *Marche*, la compagnie de tête de la colonne de droite se met en marche; la 2ᵉ compagnie suit le mouvement dès qu'elle a sa distance. Au moment où la colonne de gauche est près d'être démasquée, elle se met en marche; lorsqu'elle est arrivée derrière la colonne de droite, sa 1ʳᵉ compagnie fait à gauche en marchant; la 2ᵉ s'arrête et fait front.

Dès que cette dernière a sa distance, le chef de bataillon arrête le bataillon; mais s'il veut continuer le mouvement en avant, il en prévient le capitaine, qui met sa compagnie en marche aussitôt qu'elle a sa distance.

42. Pour *passer de la colonne de bataillon à la colonne à distance entière*, le chef de bataillon commande :

Colonne à distance entière.

MARCHE.

Au commandement préparatoire, les capitaines commandent : *Prenez les distances.* Les chefs des premières sections des trois dernières compagnies commandent aussitôt : *Quatre pas en avant.* — MARCHE. Ces sections se portent quatre pas en avant.

Au commandement de *Marche*, les compagnies prennent les distances d'après les principes du titre III (nᵒˢ 204 et suivants); les chefs des premières sections des trois dernières compagnies

mettent leur section en marche en même temps
que la dernière section de la compagnie précé-
dente.

43. Pour *passer de la colonne à distance entière à la colonne de bataillon*, le chef de bataillon commande :

Colonne de bataillon.

MARCHE.

Au commandement préparatoire, chaque capitaine fait former la colonne de compagnie d'après
les principes et par les commandements du titre III (n° 209) ; ceux des trois dernières compagnies commandent ensuite : *En avant.*

Au commandement de *Marche* du chef de bataillon, les trois dernières compagnies se mettent
en marche ; lorsqu'elles ont leur distance, elles
sont arrêtées par leurs chefs.

Passer d'une formation en colonne à une formation en ligne.

Face en avant.

44. Pour *passer de la colonne de bataillon à
la ligne de colonnes de compagnie*, le chef de
bataillon commande :

Ligne de colonnes de compagnie.

MARCHE.

Au commandement préparatoire, la 1re compagnie reste face en avant ; le capitaine de la 2e lui
fait faire par le flanc droit et commande : *En
avant, guide à gauche* ; ceux des 3e et 4e leur font
faire par le flanc gauche et commandent : *En
avant, guide à droite.*

2

Au commandement de *Marche*, la 1re compagnie ne bouge pas ; les trois autres déboîtent de la colonne par un mouvement de flanc ; lorsqu'elles ont gagné leur intervalle de vingt-quatre pas, elles font à gauche ou à droite en marchant et se portent à hauteur de la compagnie de base.

45. Pour *passer de la colonne double à la ligne de colonnes de compagnie*, le chef de bataillon commande :

Ligne de colonnes de compagnie.

Marche.

Le mouvement s'exécute, pour les deux compagnies de queue, d'après les principes prescrits (n° 44); celle des deux compagnies de tête qui se trouve à gauche prend sur celle de droite l'intervalle de vingt-quatre pas.

Face à droite (gauche).

46. Pour *passer de la colonne de bataillon à la ligne de colonnes de compagnie, face à droite (gauche)*, le chef de bataillon commande :

Ligne de colonnes de compagnie, face à droite (gauche).

Marche.

Au commandement préparatoire, les capitaines commandent : *Changement de direction par le flanc gauche (droit):*

Au commandement de *Marche*, chaque compagnie exécute un changement de direction par le flanc d'après les principes du titre III (n° 190).

47. Pour *passer de la colonne double à la ligne de colonnes de compagnie face à droite (gauche)*, on forme d'abord la colonne de bataillon, et l'on se trouve ramené au cas précédent (n° 46).

48. Pour *passer de la colonne à distance entière à la ligne déployée face à gauche (droite)*, le chef de bataillon commande :

Ligne déployée face à gauche (droite).

Marche.

Au commandement préparatoire, chaque capitaine commande : *Sections à gauche (droite)*.

Au commandement de *Marche*, le mouvement s'exécute dans chaque compagnie d'après les prescriptions du titre III (n° 228).

CHAPITRE II.

ARTICLE Iᵉʳ.

Face en arrière, et réciproquement.

49. Le bataillon étant en ligne ou en colonne, le chef de bataillon commande :

Face en arrière (en avant).

Chaque compagnie exécute le mouvement au commandement de son chef, d'après les principes prescrits au titre III (n°ˢ 6, 20, 115).

Lorsque le bataillon est en colonne double, le chef de bataillon, après avoir fait le commandement préparatoire, fait lui-même le commandement de *Demi-tour* — à DROITE.

Si le bataillon est en ligne de colonnes de compagnie, l'adjudant-major et l'adjudant se portent rapidement à leurs nouvelles places en passant par les intervalles qui sont devant eux ; les tambours passent par l'intervalle qui sépare la 2ᵉ compagnie de la 3ᵉ.

Si le bataillon est en ligne déployée, les uns et les autres passent par l'aile la plus rapprochée.

Si le bataillon est en colonne, l'adjudant-major, l'adjudant et les tambours prennent les places qui leur ont été fixées (n° 24).

Le porte-drapeau ou le porte-fanion passe au rang qui est en avant; le premier est remplacé par le soldat qui se trouvait derrière lui.

Alignements.

50. *Ligne déployée*. Le bataillon étant en ligne déployée, lorsque, dans des circonstances particulières, le chef de bataillon veut faire prendre un alignement régulier, il se porte à l'une des ailes pour déterminer la ligne, et commande :

Drapeau,

Sur la ligne.

A ce commandement, le porte-drapeau (ou porte-fanion), le guide de la section de droite de la 1re compagnie et le fourrier de la 4e se portent sur la ligne, et font face au chef de bataillon ; ce dernier établit promptement, par un signe de son sabre, celui de ces deux sous-officiers qui est le plus près de lui, ainsi que le porte-drapeau, sur la direction qu'il a choisie. Aussitôt qu'ils y sont correctement établis, l'adjudant-major (ou l'adjudant) assure le sous-officier de l'autre aile sur la direction. Les deux sous-officiers des ailes mettent la crosse en l'air (1).

Le drapeau est placé exactement au point où doit se trouver le centre du bataillon après l'alignement ; au besoin, le chef de bataillon fait préalablement appuyer le bataillon à droite ou à gauche, de telle sorte qu'avant l'alignement, le centre, c'est-à-dire la gauche de la 2e compagnie, corresponde à ce point.

Ces dispositions étant prises, le chef de bataillon commande :

Guides,

Sur la ligne.

A ce commandement, les guides de toutes les sections et les fourriers, à l'exception de celui de la 2e compagnie, qui reste en serre-file, se portent sur la ligne, face au drapeau ; chacun d'eux se place en arrière du guide qui le précède, en prenant exactement sa distance.

Les chefs de section se placent à la gauche ou à la droite de leur section, au premier rang, du côté du drapeau ; les capitaines se portent en avant du front de leur compagnie et lui font face.

---

(1) Lorsque le porte-drapeau est établi pour tracer une ligne, il porte son drapeau verticalement entre les yeux. Les sous-officiers qui, dans le même but, doivent mettre la crosse en l'air en jalonnant, élèvent leur arme verticalement entre les yeux.

2.

L'adjudant-major et l'adjudant, placés un peu
en dehors des ailes, rectifient promptement, s'il
y a lieu, la position des guides, qui, une fois établis, ne bougent plus ; le chef de bataillon commande ensuite :

Sur le centre,

ALIGNEMENT.

On s'aligne dans chaque compagnie comme il
a été prescrit au titre III, et du côté du drapeau.

Chaque capitaine voyant sa compagnie alignée,
commande : FIXE ; puis le chef de bataillon commande :

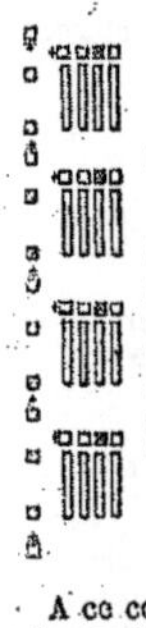

Drapeau et guides,

A VOS PLACES.

Chacun reprend aussitôt la place qui
lui est assignée dans la ligne déployée.

51. *Ligne de colonnes de compagnie.*
Si le bataillon est en ligne de colonnes
de compagnie, le chef de bataillon trace
la ligne en y établissant le guide de
droite et le fourrier de la compagnie qui
se trouve à l'aile du côté où il veut ali-
gner (ces sous-officiers mettent la crosse
en l'air), puis il commande :

Guides,

SUR LA LIGNE.

A ce commandement, dans chacune des autres
compagnies, le guide de tête et le fourrier se portent sur la ligne, face au point d'appui; devant

l'emplacement que doit occuper la 1re section de leur compagnie; ils sont assurés par le capitaine sur le prolongement de ceux de la compagnie de base.

Les chefs de section se portent à deux pas en dehors de leurs guides, qui se placent du côté de la compagnie de base, s'ils n'y sont déjà.

Aussitôt leurs guides établis, les capitaines alignent leur compagnie du côté de la compagnie de base, sans se régler les uns sur les autres. Au commandement de *A droite* (*gauche*) — ALIGNEMENT, les sections de tête se portent contre les guides; les autres sections se placent et s'alignent parallèlement à la première, chacune d'elles à six pas de celle qui la précède.

Chaque capitaine voyant sa compagnie alignée, commande : FIXE; puis le chef de bataillon commande :

Guides,

À VOS PLACES.

Chacun reprend aussitôt la place qui lui est assignée dans la ligne de colonnes de compagnie.

52. *Colonne double.* La colonne double s'aligne d'après les mêmes principes : seulement, après avoir fait le commandement de *Guides* — SUR LA LIGNE, le chef de bataillon place les quatre sous-officiers qui doivent jalonner la ligne (ces sous-officiers ne mettent pas la crosse en l'air); il commande ensuite :

A droite (gauche),

ALIGNEMENT.

Les capitaines ne font que le commandement de
FIXE.

53. Le chef de bataillon fait reposer le bataillon par les moyens et les commandements prescrits aux titres II et III, suivant que les hommes
doivent rester en place, rompre les rangs après
avoir formé les faisceaux, ou bien emporter leurs
armes.

Il fait reprendre la position et l'immobilité au
moyen du commandement de *Garde à vous,* ou
d'un roulement très court ; si les faisceaux ont été
formés, il les fait rompre auparavant ; si les hommes ont emporté leurs armes, il fait exécuter le
rassemblement.

Rassemblement du bataillon.

54. Le bataillon ayant rompu les rangs sans
former les faisceaux, le chef de bataillon se porte
au point où il veut le rassembler, et fait faire le
signal de l'assemblée. Chaque compagnie se conforme aux prescriptions du titre III (nᵒ 213) ; son
capitaine la conduit ensuite à sa place. Le chef
de bataillon établit dans la direction qu'il a choisie la première compagnie arrivée.

A moins d'indication contraire, le bataillon se
rassemble en colonne double. La compagnie qui
arrive la deuxième se place derrière la compagnie
déjà établie, et forme avec elle la colonne de

droite ; les deux autres forment la colonne de
gauche.

Feux.

55. Bien qu'un bataillon doive toujours, pour
le combat, prendre la formation en ordre dispersé, une ou plusieurs compagnies réunies derrière un obstacle ou placées dans certaines circonstances exceptionnelles, peuvent faire parfois
un usage utile de leur feu. Dans ce cas, le chef
de bataillon désigne les compagnies qui doivent
tirer, la nature des feux à exécuter ; il indique le
moment où ils doivent commencer et cesser. Les
feux sont exécutés dans chaque compagnie par les
commandements et les moyens indiqués au titre III
(n° 127).

ARTICLE II.

Marches et changements de direction
en ligne.

———

Marcher en avant et en retraite.
Arrêter le bataillon.

56. Le bataillon étant en ligne de colonnes de
compagnie, lorsque son chef veut le porter en
avant, il désigne à haute voix le point sur lequel
doit marcher la compagnie de direction, qui est
toujours la 2e.

Le capitaine de cette compagnie fait porter son

guide de tête à gauche et l'assure sur la direction
indiquée par le chef de bataillon ; ce guide se conforme aussitôt à ce qui est prescrit au titre III
(n° 177).

Le chef de bataillon commande ensuite :

En avant.

Les capitaines se portent du côté de la direction, s'ils n'y sont déjà, et ceux des deux premières compagnies commandent : *Guide à gauche.*

Ces dispositions étant prises, le chef de bataillon commande :

MARCHE.

Le bataillon part vivement. Dans chaque compagnie on se conforme aux prescriptions du
titre III (n° 179).

Le capitaine de la deuxième compagnie veille à
ce que le front de sa section de tête reste perpendiculaire à la direction ; le chef de bataillon y lient
la main. Chacun des commandants des compagnies
subordonnées maintient sa 1re section sur le prolongement de la 1re section de la compagnie qui
se trouve à sa droite (gauche) du côté de la direction, et conserve son intervalle de ce côté.

57. Lorsque le chef de bataillon juge nécessaire de modifier la direction primitive, et de faire
avancer légèrement l'une ou l'autre aile de la
ligne, il indique au guide chargé de la direction
le nouveau point qu'il a choisi en avant, et commande :

Point de direction plus à droite (gauche).

Ce guide se dirige sur le point désigné ; la compagnie de base se place sans précipitation dans la nouvelle direction ; les compagnies subordonnées règlent leur marche sur la compagnie de base, et se conforment peu à peu à son mouvement.

58. Pour exécuter la marche en retraite, le bataillon fait d'abord demi-tour et se met ensuite en marche en se conformant aux principes prescrits (n° 56). Les guides et les serre-files observent les prescriptions du titre III (n° 133). L'adjudant-major, l'adjudant et les tambours se conforment à ce qui a été prescrit (n° 49).

59. Pour arrêter le bataillon, le chef de bataillon commande :

Bataillon (ou : *Demi-tour à droite*),

HALTE.

Au commandement de *Halte*, les compagnies s'arrêtent sur place ou font demi-tour en s'arrêtant.

Si quelques compagnies se trouvent trop en arrière ou en avant, le chef de bataillon peut leur donner l'ordre de se porter sur l'alignement de la compagnie de base.

S'il le juge à propos, il fait prendre un alignement régulier.

Marcher en avant ou en retraite par le flanc des subdivisions, et revenir à la marche de front.

60. La ligne de colonnes de compagnie étant

en marche en avant ou en retraite, lorsque le chef
de bataillon veut la faire marcher dans la même
direction par le flanc des subdivisions, il commande :

En avant par le flanc droit (gauche)
des colonnes.

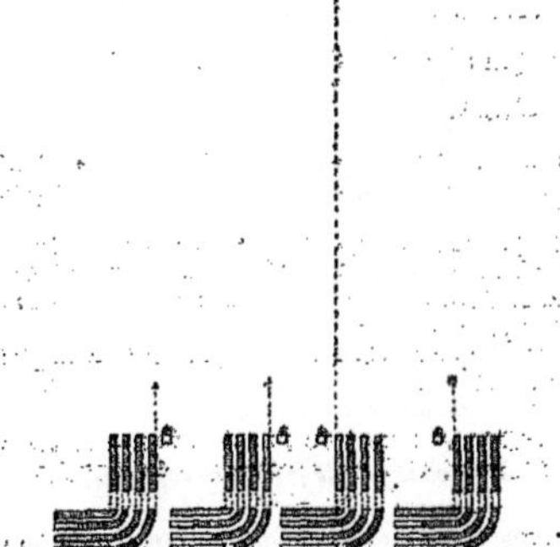

Les capitaines commandent aussitôt : *Par le
flanc droit (gauche), par file à gauche (droite)*.

Le chef de bataillon commande ensuite :

MARCHE.

Les compagnies font par le flanc ; les chefs de
section se portent à la tête de leurs sections pour
les conduire : celui de la 1re pivote sur place ; les
chefs des sections intérieures font le pas d'autant
plus petit qu'ils sont plus rapprochés du pivot, et
se conforment, ainsi que celui-ci, au mouvement
de l'aile marchante, qui continue à faire le pas de
75 centimètres en décrivant un arc de cercle autour
du chef de la 1re section ; les intervalles se conservent du côté du pivot.

Lorsque les chefs de section arrivent sur une
ligne parallèle au front, le capitaine commande :
En avant, — MARCHE.

Le bataillon ainsi formé continue à marcher
d'après les principes prescrits (nos 16 et suivants).

Le chef de bataillon donne au besoin un nouveau point de direction.

61. Pour faire reprendre la marche en avant
ou en retraite par le front des subdivisions, le
chef de bataillon commande :

En avant par le front des colonnes.

Les capitaines commandent aussitôt : *Par file
à droite (gauche)*, de telle sorte que, le mouvement

terminé, les compagnies se retrouvent dans l'ordre où elles étaient avant la marche par le flanc des subdivisions.

Le chef de bataillon commande ensuite :

MARCHE.

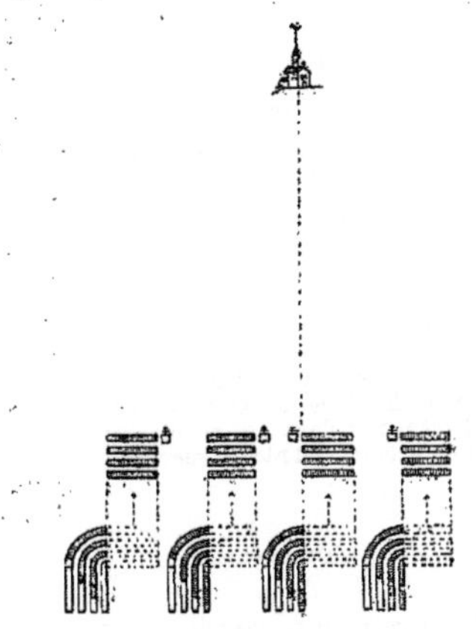

Le mouvement s'exécute par les moyens indi-

qués (n° 60) ; seulement le chef de la 1ʳᵉ section
exécute ce qui a été prescrit pour celui de la 4ᵉ,
qui lui-même se conforme à ce qui est dit pour le
chef de la 1ʳᵉ.

Lorsque les chefs de section arrivent sur une
ligne perpendiculaire au front, les capitaines
commandent : *En avant,* — MARCHE ; les compagnies cessent de converser et marchent parallèlement au front ; aussitôt que dans chaque compagnie toutes les sections sont entrées dans la nouvelle
direction, le capitaine commande : *Par le flanc
gauche (droit),* — MARCHE.

Le bataillon reprend alors la marche en avant
ou en retraite par le front des subdivisions, conformément aux principes prescrits (n°ˢ 56 et suivants).
Le chef de bataillon donne au besoin un nouveau
point de direction.

62. Les à-droite et les à-gauche exécutés au
commandement de : *Par le flanc droit (gauche).*
— MARCHE, du chef de bataillon, permettent de
passer de la ligne de colonnes de compagnie
marchant par le flanc des subdivisions à la colonne de bataillon, et réciproquement.

Observation.

63. Lorsqu'une compagnie, ou une subdivision dans une compagnie, rencontre un obstacle,
elle le tourne de manière à s'écarter le moins possible de la direction qu'elle doit suivre ; elle peut

modifier momentanément sa formation. Aussitôt que l'obstacle est passé, elle accélère le pas pour reprendre sa place et sa formation.

Changer de direction de pied ferme
et en marchant.

64. La ligne de colonnes de compagnie de pied ferme ou en marche ayant à changer de direction, le chef de bataillon, pour déterminer le nouveau front, établit dans la direction qu'il a choisie deux jalonneurs, l'un au point d'appui, l'autre à distance de section du premier. La ligne ainsi tracée est prolongée par l'adjudant-major, qui se porte vivement un peu au delà du point où doit arriver l'aile opposée.

La nouvelle ligne est choisie de manière que la compagnie du pivot ait achevé son changement de direction avant d'arriver contre les jalonneurs.

Le chef de bataillon commande :

Changement de direction à droite (gauche).

Les guides de la compagnie de droite (gauche) se portent du côté opposé au changement de direction, s'ils n'y sont déjà ; les guides des autres compagnies se portent au contraire du côté du point d'appui.

Le chef de bataillon commande ensuite :

Marche.

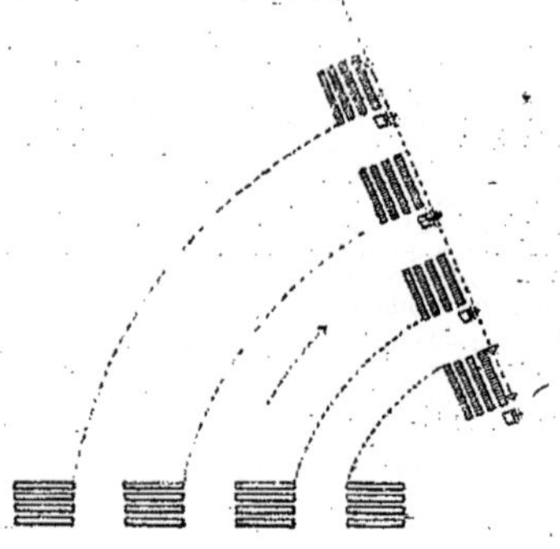

La compagnie de droite (gauche) exécute son mouvement comme si elle était isolée, d'après les principes prescrits au titre III (n° 198) ; lorsque sa 1re section arrive contre les jalonneurs, le capitaine arrête la compagnie, qui s'aligne du côté du point d'appui.

Les jalonneurs se retirent au commandement de *Fixe* du capitaine.

Chacune des autres compagnies se dirige vers

la place qu'elle doit occuper, au moyen de changements de direction successifs, de manière que sa
section de tête se trouve parallèle à la ligne lorsqu'elle en est éloignée d'une distance un peu plus
grande que la profondeur de la colonne ; elle est
arrêtée par son capitaine quand cette première
section est un peu en arrière de la ligne. Le chef
de la première section se porte rapidement à la
droite (gauche) du côté du point d'appui ; il se
place sur la ligne déterminée par les sections de
tête des compagnies déjà établies, et dirige l'alignement sur l'adjudant-major. Les autres sections
se conforment à l'alignement de la 1re.

Les capitaines ont soin de conserver leurs intervalles, et de ne jamais dépasser la nouvelle direction.

65. Les changements de direction, sous un
angle très-aigu, d'une ligne de colonnes de compagnie en marche, sont exécutés par les moyens
prescrits (n° 57).

66. Si *la ligne de colonnes de compagnie marchant par le flanc des subdivisions* doit *changer de
direction*, la nouvelle ligne est tracée comme il a
été dit (n° 64) ; la compagnie du pivot se dirige
de manière à arriver perpendiculairement dans
la nouvelle direction, en arrière des deux jalonneurs.

Chacune des autres compagnies se dirige vers
la place qu'elle doit occuper, et lorsqu'elle est
arrivée à une distance de la ligne un peu plus
grande que le front d'une section, elle se redresse,

afin de s'y placer parallèlement à la compagnie

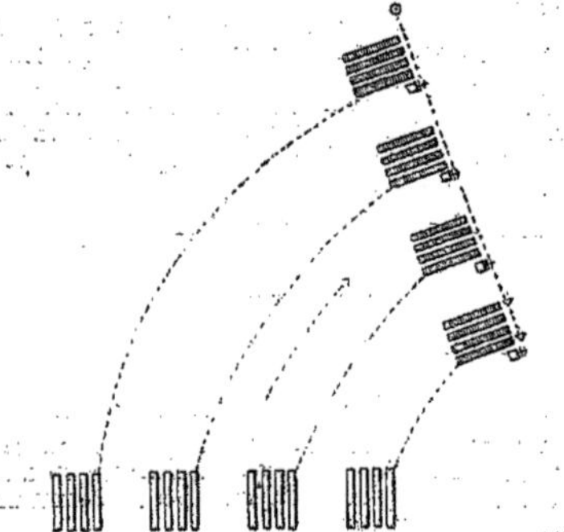

qui la précède et à la distance qui doit la séparer d'elle.

Marcher par le flanc; changer de direction; arrêter le bataillon.

67. Le bataillon étant en ligne déployée, le chef de bataillon commande :

Par le flanc droit (gauche),

MARCHE.

Au commandement préparatoire, les capitaines font faire par le flanc droit (gauche) à leurs compagnies.

Au commandement de *Marche*, le bataillon se met en marche ; on se conforme dans chaque compagnie aux prescriptions du titre III (n° 143).

Le bataillon formé en ligne de colonnes de compagnie étant de pied ferme, la marche par le flanc s'exécute dans chaque compagnie conformément au titre III (n° 182).

Le chef de bataillon commande :

Par le flanc droit (gauche),

MARCHE.

Il indique la direction au guide de la tête.

Les capitaines se portent à la gauche (droite) de leur compagnie, du côté vers lequel on doit marcher, et se placent à quatre pas en dehors du chef de la 1re section.

L'adjudant-major et l'adjudant se placent à six pas du premier rang, le premier à hauteur de la tête, le deuxième à hauteur de la queue du bataillon.

Dans la marche par le flanc d'un bataillon en ligne de colonnes de compagnie, la direction se prend toujours, dans chaque compagnie, du côté de la 1re section ; les capitaines ont le plus grand soin de conserver les intervalles.

68. Le bataillon en ligne déployée marchant par le flanc change de direction par file, conformément aux prescriptions du titre III (n° 144).

Le chef de bataillon commande :

Changement de direction à gauche (droite).

Chacun des capitaines commande : *Par file à gauche (droite)*, — Marche, dès que la tête de sa compagnie est arrivée au point où doit s'exécuter le changement de direction.

Si le bataillon marchant par le flanc est en ligne de colonnes de compagnie, le mouvement

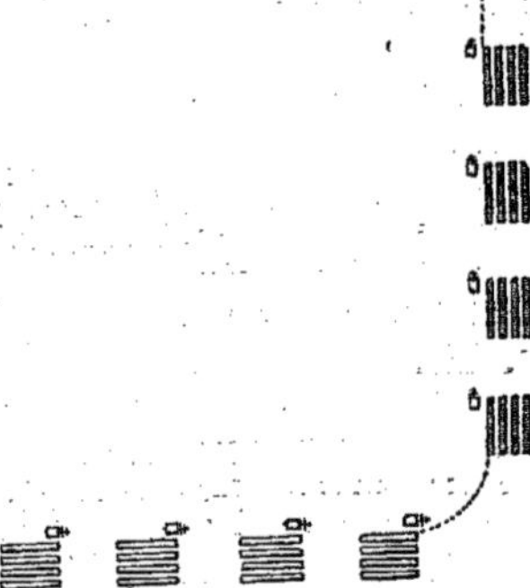

s'exécute par les commandements qui viennent d'être indiqués ; la compagnie de tête change de direction par file à gauche (droite), en décrivant

3.

un arc de cercle ; le pivot fait le pas de 37 centimètres pour dégager le point de conversion. Les
autres compagnies viennent successivement changer de direction à la même place que la première.

69. Dans les changements de direction par le
flanc, soit d'une ligne déployée, soit d'une ligne
de colonnes de compagnie, le point où doit se
faire le mouvement est indiqué par le chef de bataillon, qui, au besoin, y place un jalonneur du
côté du premier rang ou du côté de la direction.

70. Le bataillon est arrêté par le commandement :

Par le flanc gauche (droit).

HALTE.

71. Une ligne de colonnes de compagnie peut
exécuter les à-droite et les à-gauche en marchant
au moyen des commandements :

Par le flanc droit (gauche).

MARCHE.

ARTICLE III.

Marches et changements de direction
en colonne.

Marcher en avant et en retraite.
Arrêter la colonne.

72. Le bataillon étant en colonne, le chef de

bataillon et le guide de la tête se conforment aux
prescriptions du titre III (n° 177).

Le chef de bataillon commande ensuite :

En avant.

Marche.

Au commandement de *Marche*, la colonne part
vivement; les guides se conforment exactement
aux prescriptions du titre III (n° 179).

Chacun des capitaines a soin de conserver,
entre la subdivision de tête de sa compagnie et la
subdivision de queue de la compagnie qui précède, la distance qui doit les séparer. Le capitaine
de la compagnie de tête veille spécialement à la
marche du guide chargé de la direction.

73. Dans la colonne double, celui des deux
guides de tête qui n'est pas chargé de la direction
se maintient à six pas de la gauche (droite) de la
première section de la compagnie voisine : les
guides placés derrière lui marchent exactement
dans ses traces et conservent leur distance sans
se préoccuper de l'intervalle.

74. Pour exécuter la marche en retraite, le
bataillon fait d'abord demi-tour, et se met ensuite
en marche en se conformant aux principes prescrits (n° 72).

L'adjudant-major, l'adjudant, le porte-drapeau

et les tambours observent ce qui a été prescrit (n° 49).

75. Pour la colonne de route, on se conforme à tout ce qui a été prescrit au titre III (n° 230 et suivants).

Pour *revenir de la marche de flanc à la colonne à distance entière*, le chef de bataillon commande :

Colonne à distance entière.

MARCHE.

On se conforme dans chaque subdivision à ce qui est prescrit au titre III (n° 108 et 249).

Ce mouvement peut être exécuté successivement par les compagnies; la première se forme en ligne à l'avertissement du chef de bataillon, puis chacune des autres exécute son mouvement au même point que la première.

76. Le chef de bataillon arrête le bataillon marchant en colonne, par le commandement :

Bataillon.

HALTE.

Changer de direction.

77. Une colonne de bataillon en marche change de direction par les moyens et commandements prescrits au titre III (n° 196 et suivants), chaque compagnie venant successivement exé-

cuter son mouvement au même point que la première.

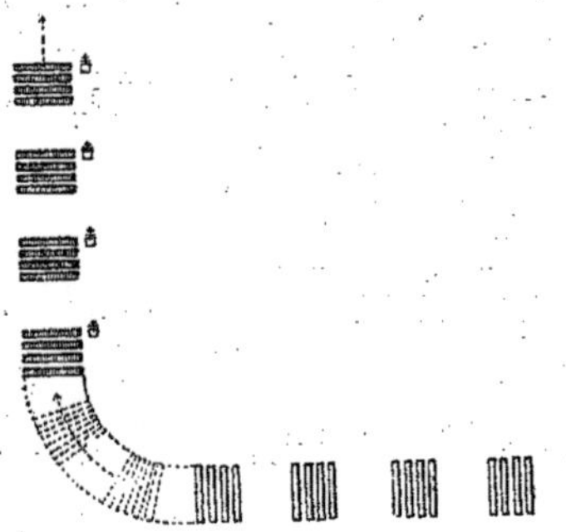

78. Une colonne à distance entière en marche
change de direction d'après les principes prescrits au titre III (n°s 224 et suivants).

79. Dans les deux cas, le chef de bataillon fait
le commandement :

Changement de direction à droite (gauche).

et, au besoin, place un jalonneur au point où doit
s'effectuer le changement de direction.

80. Le bataillon marchant en colonne double ne fait de changements de direction que sous un angle très-aigu ; le chef de bataillon commande :

Point de direction plus à droite (gauche).

Le guide de tête chargé de la direction avance l'épaule droite (gauche); les capitaines veillent à ce que les diverses subdivisions se conforment successivement à la nouvelle direction et conservent leurs intervalles et leurs distances.

81. Si le changement de direction d'une colonne double en marche doit avoir lieu sous un grand angle, le chef de bataillon arrête la colonne et lui fait exécuter le mouvement de pied ferme comme il suit.

Le chef de bataillon envoie sur la direction qu'il a choisie l'adjudant-major, qui s'arrête à une distance égale au front de la colonne; puis il commande :

Changement de direction par le flanc gauche (droit).

MARCHE.

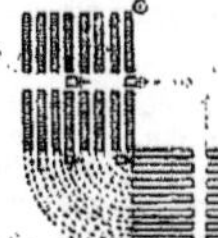

Au commandement préparatoire, chaque capitaine fait faire à sa compagnie par le flanc gauche (droit); les chefs de section se portent à la tête de leurs sections pour les conduire.

Au commandement de *Marche*, le changement de direction s'exécute d'après les principes prescrits au titre III (n°ˢ 191 et suivants) ; les deux sections de tête sont arrêtées et remises de front lorsqu'elles sont sur la nouvelle direction, entre l'adjudant-major et le point d'appui ; leurs chefs, placés sur cette direction et du côté du point d'appui, en dirigent l'alignement sur l'adjudant-major.

Dans les autres sections, les guides se placent correctement à leurs chefs de file et prennent leurs distances. Le chef de chaque section en dirige l'alignement parallèlement à celui de la section qui la précède.

Le chef de bataillon remet ensuite le bataillon en marche.

82. La colonne double peut aussi faire face à droite (gauche) par un à-droite (gauche) ; elle continue à marcher dans la nouvelle direction par le flanc des subdivisions.

Dispositions contre la cavalerie.

83. Les principes établis pour la compagnie au titre III (n° 256) sont également vrais pour le bataillon.

84. Si le bataillon en ligne de colonnes de compagnie, ou en colonne de bataillon, est attaqué par la cavalerie, le chef de bataillon, lorsqu'il en a le temps, fait échelonner les compagnies de manière à utiliser le mieux possible le terrain et à se procurer des flanquements au moyen de feux croisés.

Chaque capitaine fait prendre à sa compagnie la
formation la plus convenable pour recevoir la cavalerie, de manière à ne pas tirer sur les compagnies voisines, et autant que possible à ne pas
masquer leur feu.

Le chef de bataillon se porte au point où il juge
que sa présence est le plus nécessaire.

L'adjudant-major, l'adjudant et les tambours se
joignent à la compagnie la plus rapprochée.

Un bataillon en colonne à distance entière, attaqué par la cavalerie, forme les colonnes de
compagnie, les échelonne, ou bien, s'il est sur-
pris, se forme en ligne et reçoit la cavalerie dans
cet ordre; il place au besoin une ou deux sections
de ses ailes, de manière à former un crochet.

Application des exercices de la 1ʳᵉ partie en terrain varié.

85. Lorsqu'un bataillon doit faire l'application des exercices de la 1ʳᵉ partie en terrain varié,
soit comme bataillon de 2ᵉ ligne, soit comme bataillon de 1ʳᵉ ligne n'ayant pas encore pris sa
formation de combat, l'alignement rigoureux dans
les compagnies, la direction rectiligne à leur
donner l'une par rapport à l'autre dans le bataillon, la régularité des intervalles, doivent être sa-
crifiés à la nécessité de s'abriter en tirant des
formes du terrain le meilleur parti possible. En
conséquence, on peut alors s'écarter plus ou moins
des règles données ci-dessus relativement au tracé
des lignes et à la stricte conservation des intervalles. Pourtant on doit observer de ne jamais
dépasser les limites extrêmes fixées aux nᵒˢ 29 et

30. De plus, on doit revenir aux intervalles réglementaires dès que les circonstances et les dispositions du terrain cessent de rendre ces modifications nécessaires.

Dans ces exercices d'application, on peut également remplacer la formation en colonnes de compagnie par la formation en colonnes de pelotons, qui présente moins de profondeur, si cette dernière semble plus avantageuse pour mettre le bataillon en ligne de colonnes à l'abri de la vue et des feux de l'ennemi.

DEUXIEME PARTIE.

Objet et division.

86. La deuxième partie traite du combat du bataillon : elle est divisée en deux chapitres qui ont pour objet :

Le premier, la formation normale du bataillon encadré et le fonctionnement de ses divers échelons dans une action décisive;

Le second, les principales modifications que doit subir cette formation lorsque le bataillon est placé dans certaines situations déterminées.

Ces deux chapitres sont précédés d'un exposé des principes généraux du combat, complété par des recommandations spéciales sur la conduite de l'instruction.

Il importe que les officiers de tous grades soient bien pénétrés de l'esprit de ces instructions préliminaires, qui, tout en s'adressant plus spécialement au chef de bataillon, doivent néanmoins servir de guide à tout chef, quel que soit l'effectif de la troupe qu'il commande, et qui permettront à tous d'appliquer d'une façon judicieuse les prescriptions contenues dans la deuxième partie.

INSTRUCTIONS PRÉLIMINAIRES.

87. L'école de soldat et l'école de compagnie ont préparé la troupe, les sous-officiers, les officiers de section et, jusqu'à un certain point, les commandants de compagnie, au rôle que les uns et les autres ont à remplir dans le bataillon.

L'école de bataillon complète cette préparation. La première partie a déjà traité des formations et des mouvements du bataillon à rangs serrés; la deuxième partie, après avoir donné le fractionnement du bataillon avant le combat proprement dit, indique le moment où le bataillon doit prendre la formation en ordre dispersé, le rôle de chacun de ses échelons dans le combat, et détermine la liaison des compagnies entre elles, ainsi que les rapports du chef de bataillon commandant l'unité tactique avec les capitaines commandant les unités de combat.

88. Dans toute action de guerre, les efforts du chef doivent tendre à remplir deux conditions essentielles :

Obtenir de chaque fraction son maximum d'effet utile au moment voulu ;

Assurer la cohésion de manière à faire converger utilement et en temps opportun les efforts individuels vers un même but.

Les paragraphes suivants indiquent les moyens de satisfaire à ces deux conditions; et, sans les séparer complétement, puisqu'elles sont intimement liées dans l'action, s'occupent plus spécialement, d'abord de la première et ensuite de la seconde.

89. Le chef de bataillon doit instruire sa troupe de telle sorte que ses diverses fractions puissent exécuter avec ordre, célérité et précision, quelles que soient d'ailleurs les circonstances, tous les mouvements réclamés par la situation.

Il doit favoriser et encourager l'initiative des chefs de tous grades. Ainsi les commandants des unités de combat, pourvus des renseignements et des instructions nécessaires par le chef de bataillon, manœuvrent et agissent de leur propre mouvement; sans attendre de nouveaux ordres, ils choisissent, parmi les formations réglementaires, celles qui leur paraissent les plus convenables, conservent enfin, dans l'exécution de la tâche qui leur est confiée, leur initiative, et par suite toute leur puissance d'action. Le chef de bataillon n'intervient qu'au moment où cette liberté d'action lui paraît compromettre la cohésion.

90. Il faut que l'attitude personnelle du commandant soit, en toutes circonstances, irréprochable; tout symptôme d'hésitation est fâcheux. Le chef doit constamment savoir ce qu'il veut, le faire sentir à sa troupe, et prévoir ce qu'il peut en obtenir. Il doit prendre ses résolutions avec maturité et rapidité, et les exécuter ensuite avec la plus grande énergie; l'important pour lui est moins d'être brillant que d'être calme et résolu.

Le calme et le sang-froid ont une influence considérable: une troupe obéit comme elle est commandée. Ces qualités indispensables n'excluent ni l'entrain ni l'esprit d'initiative; elles permettent, au contraire, de les régler et de les contenir jusqu'au moment où les chefs, donnant eux-mêmes l'exemple, font appel sans réserve à tout l'élan et à toute l'énergie des combattants.

L'attitude des chefs de tous grades et leur aptitude réelle au commandement décuplent la valeur des troupes, et contribuent dans une large mesure à garantir l'ordre et la discipline, tout aussi nécessaires que la bravoure et l'initiative, et dont le maintien rigoureux doit être l'objet des constantes préoccupations des gradés. C'est essentiellement une de leurs obligations les plus étroites et les plus immédiates.

91. Pour que l'action du bataillon acquière toute sa puissance, il importe qu'elle reste concentrée, et que dans ce but elle s'exerce seulement sur un espace restreint.

Le champ d'action dans lequel le bataillon pourra habituellement se mouvoir s'étend, en avant, jusqu'à la troupe ennemie placée en face de lui; il est limité à droite et à gauche par les bataillons voisins, avec lesquels il doit se relier et agir de concert, et par les forces ennemies qui lui sont directement opposées. C'est dans ce cadre, dont le front est de 300 à 350 mètres, que le commandant doit exercer son initiative, concentrer l'action de ses compagnies, sans tolérer ces mouvements divergents qui disséminent les efforts et par conséquent en diminuent la puissance, rendent la direction du combat très-laborieuse, enfin amènent des mélanges de troupes souvent prématurés et toujours fâcheux.

Le bataillon peut ainsi, surtout lorsqu'il est soutenu en arrière par d'autres troupes, se consacrer tout entier à sa mission, et déployer toutes ses forces et son énergie. C'est le cas du bataillon encadré, celui que l'on doit mettre le plus souvent sous les yeux de la troupe et des chefs.

Même si le bataillon est isolé, le commandant ne prendra pas un champ d'action trop étendu; il cherchera toujours à se ménager la possibilité de diriger le combat et à se procurer une succession d'efforts de plus en plus puissants.

Il peut et il doit, lorsque les forces dont il dispose sont suffisantes, et que les efforts tentés peuvent être simultanés, aborder de flanc en même temps que de front une ligne ennemie: mais les véritables attaques latérales, celles qui exigent de longs circuits, des mouvements excentriques, sont habituellement confiées à des troupes voisines ; sinon le bataillon se trouve placé dans des conditions particulières, et les fractions qui agissent ainsi en dehors de la direction immédiate du commandant doivent être considérées comme des détachements, et par suite recevoir des instructions spéciales.

92. La formation normale de combat et son fonctionnement, démontrés sur le terrain de manœuvres, apprendront aux chefs le rôle et l'emploi régulier des fractions qu'ils commandent ; son application et ses principales modifications, pratiquées sur toute espèce de terrain, familiariseront les soldats et leurs chefs avec la physionomie d'une action réelle. Ces derniers, par suite de la liberté qui leur est laissée de faire varier la formation de leur troupe, son fractionnement, son allure, de choisir, pour se porter sur un objectif désigné, la direction la plus convenable, acquerront l'aptitude au commandement, le calme et le coup d'œil nécessaires à la guerre ; ils apprendront à assurer, aussi bien en largeur qu'en profondeur, la liaison et la communauté d'action des diverses sous-unités, à prévoir les événements, à agir enfin suivant les circonstances, avec une intelligente initiative. Chacun y prendra l'habitude d'être toujours attentif aux ordres, aux indications, aux signes de son chef.

Les exercices de ce genre, bien conduits et suffisamment variés, établiront rapidement une entente complète entre le chef de bataillon et les capitaines, entre les gradés et la troupe. Un ordre bref, un seul mot, un geste même, suffiront souvent au chef pour faire comprendre ses intentions.

Cette entente est d'autant plus nécessaire que,
pour assurer la simultanéité et la convergence des
efforts, aucune fraction, tout en conservant son
activité et sa puissance d'action, ne doit sortir du
cadre général tracé par le commandement. C'est
la mission spéciale du chef de bataillon d'y veiller ; il doit, par des ordres brefs et précis, définir
clairement la tâche de chacun.

93. Pour rendre plus facile le maintien de la
cohésion, et assurer ainsi l'action d'ensemble du
bataillon, les chefs doivent porter toute leur attention sur les points suivants :

N'abandonner la formation à rangs serrés qu'au
moment où cette mesure devient indispensable, et
y revenir immédiatement dès que les circonstances
le permettent ;

Exiger que les fractions à rangs serrés, quel
que soit leur effectif, manœuvrent avec une
grande régularité.

Ces deux moyens permettent de rétablir l'ordre,
s'il a été compromis, de conserver la discipline
et de replacer les hommes dans la main de
leurs chefs.

94. En résumé, les fonctions du chef de bataillon au combat peuvent se traduire ainsi qu'il
suit :

Après avoir donné ses instructions aux capitaines et l'ordre ou le signal de l'exécution, il
se porte en arrière de la ligne de combat, sur
le point d'où il peut le plus facilement surveiller et diriger la marche de l'action ; si le terrain
trop couvert ne lui permet pas d'embrasser du re-
gard toute sa troupe, il se tient en communication avec les fractions qui échappent à sa vue, à
l'aide d'ordonnances ou de signaux convenus. Il

observe l'attitude de l'ennemi et la tournure du
combat, accélère ou retarde l'entrée en ligne des
différents échelons, et n'oublie pas que cet emploi
successif des réserves est souvent le seul moyen
d'intervention efficace dont il puisse disposer. Il
s'efforce de régler la marche de l'engagement, de
lui imprimer une énergie croissante, et, autant
que possible, il donne lui-même le signal de
l'acte décisif (assaut ou contre-attaque); enfin,
il exerce, *sans entrer dans les détails*, une surveil-
lance active et incessante, toujours prêt à modifier ses premières dispositions, si un incident
heureux l'y invite ou si des nécessités véritables
l'y contraignent. Cette dernière éventualité sera
fréquente, et comme le chef de bataillon ne peut
être partout à tout instant, les commandants de
compagnie ont l'obligation, en pareille circonstance, d'user hardiment de leur part d'initiative.
Si les officiers, pendant la paix, ont été familiari-
sés par de fréquents exercices avec la physionomie et les divers incidents du combat, ils sauront
toujours, sur le champ de bataille, provoquer des
ordres en temps utile, et, au besoin, n'hésiteront
pas à engager leur responsabilité.

95. Outre la conduite générale de leur troupe,
les officiers et les chefs de tous grades ne sau-
raient perdre de vue un seul instant qu'ils doivent
à tout prix conserver la direction du feu, qui est
le plus puissant et en quelque sorte l'unique
moyen d'action de l'infanterie. Les feux sont ré-
glés d'après les moments du combat, les distances
et les objectifs. Au début, alors qu'on ne se propose que de gagner rapidement du terrain en
avant, ils sont exécutés seulement par les meilleurs tireurs (éclaireurs); puis ils sont fournis

par la chaîne; ensuite, à mesure que la marche
en avant devient plus difficile, ils acquièrent une
intensité croissante par l'entrée en ligne succes-
sive des renforts et des soutiens. C'est par une
sage économie des munitions et une rigoureuse
discipline qu'on obtient, au moment décisif, ces
feux nourris qui, concentrés à courte distance,
sur un même point, écrasent l'adversaire. En conséquence, il faut poser en principe qu'il ne peut
être tiré un coup de fusil sans l'assentiment du
chef immédiat.

Tous les officiers, même ceux qui n'ont pas à
assurer directement l'exécution des feux, doivent
s'attacher à interdire complétement les fusillades
désordonnées, les gaspillages de munitions, enfin
toutes ces tireries à trop grande distance et sans
but bien visible, qui donnent au combat une allure traînante et indécise, rendent la direction
très-pénible, sinon impossible, paralysent enfin
les plus précieuses qualités des combattants :
l'élan et l'esprit d'initiative. La discipline du feu
est la garantie la plus sûre, la preuve la plus irré-
cusable de la valeur d'une troupe, et en même
temps la principale condition du succès; il faut
donc que les efforts constants des chefs tendent à
l'obtenir et à la consolider.

96. Les instructions qui précèdent s'appliquent plus spécialement au combat; celles qui
suivent indiquent la méthode et les procédés à
employer, dès le temps de paix, pour amener le
bataillon à remplir les conditions essentielles
énoncées ci-dessus.

Les recommandations du titre III (n° 325), con-
cernant les sections dans la compagnie, s'appliquent également aux compagnies dans le bataillon.

Le commandant doit tenir compte toutefois des proportions et de la force plus grandes de la troupe à exercer.

97. Pour habituer le bataillon au mécanisme de la formation de combat, il *suppose* d'abord la direction dans laquelle se trouve l'ennemi, ensuite il fait manœuvrer contre un ennemi *figuré*, et indique une opération tactique dont on doit suivre dans la manœuvre le développement naturel : enfin, il fait agir contre un ennemi *représenté*, en opposant des compagnies les unes aux autres. Chaque parti ignore la force, l'emplacement et les dispositions de l'adversaire, qu'il peut parfois rencontrer à l'improviste. Dans le régiment, on fait manœuvrer un ou deux bataillons contre une force supérieure ou égale. Le programme est donné par le chef de bataillon, lorsqu'il n'est exécuté que par un seul bataillon : dans le cas contraire, il est fixé par le colonel ou le lieutenant-colonel.

98. Dès que l'ennemi est figuré ou représenté, l'instruction est donnée en terrain varié.

Les premières suppositions sont simples et faciles, puis on augmente les difficultés, en opérant sur des terrains de plus en plus accidentés ou couverts, et en admettant des hypothèses plus compliquées ; on arrive ainsi à se rapprocher autant que possible de ce qui se passe à la guerre.

Lorsque l'ennemi n'est que figuré, le commandant et les capitaines profitent de tous les temps d'arrêt pour expliquer à leurs subordonnés la situation du moment et leur indiquer le but des mouvements à exécuter. C'est pour eux une occasion d'insister utilement sur certains points de l'instruction, sans s'exposer au danger de donner des idées fausses sur le combat. Ces exercices contre un ennemi figuré sont une des parties les plus importantes de l'instruction; c'est la préparation nécessaire par laquelle on doit passer rigoureusement avant de pratiquer les manœuvres à double action.

Dans celles-ci, une fois le programme donné, le chef de chaque parti agit d'après sa propre initiative, en observant les prescriptions du titre III (n°ˢ 326-330) et celles qui viennent d'être indiquées.

Pourtant, dans le commencement de cette partie de l'instruction, avant de laisser les compagnies s'engager les unes contre les autres, le chef de bataillon peut se faire rendre compte des dispositions que chaque commandant de parti se propose d'adopter; il ne les rectifie que dans le cas d'invraisemblances trop manifestes; il vaut mieux laisser ces officiers exécuter, au lieu d'une manœuvre complétement réglée par le chef de bataillon, celle dont ils ont conçu le plan, quand même ce plan présenterait quelques défectuosités; dans l'application, le chef de bataillon pourra toujours faire ressortir les fautes commises.

Plus tard, tout en conservant la direction générale, le commandant laisse aux capitaines une initiative telle qu'ils puissent, sous leur propre responsabilité, diriger leur compagnie en se réglant seulement sur les ordres reçus, les circonstances du combat et les nécessités de la situation.

Quelle que soit la manœuvre exécutée, il est de la plus haute importance que les hommes soient partout et toujours dans la main de leurs chefs; pour assurer ce résultat, il faut, au point de vue de la discipline, ne faire aucune différence entre les formations en ordre dispersé et les autres.

Chacun doit prêter toujours à ses chefs une attention intelligente et soutenue.

Par des exercices bien conduits, on doit s'efforcer de faire comprendre à tous que l'art d'utiliser le terrain n'est qu'un moyen, mais que le véritable but du combat est d'entamer l'adversaire, de lui faire subir les pertes les plus considérables, en un mot, de surmonter coûte que coûte la résistance opposée et d'assurer le succès, même au prix des plus grands sacrifices.

On s'attachera dans les manœuvres à ne point précipiter les phases de l'engagement, mais au contraire à les bien marquer, à les motiver et les enchaîner d'une façon rationnelle ; s'il est utile d'encourager et de développer l'entrain et l'initiative, d'autre part on ne doit pas tolérer des témérités qui n'ont aucune raison d'être dans un simulacre de combat.

Les circonstances décident des moments où il faut accélérer ou ralentir la marche ; en tous cas, on évitera que les hommes arrivent essoufflés sur une position où ils doivent fournir des feux ou se trouver immédiatement aux prises avec l'ennemi ; ainsi, à l'instruction, l'assaut ne commencera pas à plus de 100 mètres.

99. Dans les manœuvres, comme dans une action réelle, la transmission sûre et rapide des ordres est de la plus haute importance. Le chef de bataillon se sert, à cet effet, de l'adjudant-major et de l'adjudant ; il peut, en outre, être mis à sa disposition un ou deux hommes intelligents par compagnie. La transmission des ordres au moyen de sonneries ne doit se faire qu'exceptionnellement et en cas de nécessité absolue ; les sonneries sont précédées du refrain du bataillon et de celui des compagnies auxquelles elles s'adressent.

Le chef de bataillon peut aussi appeler sur lui l'attention d'une ou de plusieurs compagnies au moyen du signal de *Garde à vous*, précédé du refrain des compagnies auxquelles il veut ordonner quelque mouvement ou indiquer une nouvelle direction.

CHAPITRE PREMIER.
Combat du bataillon encadré.

———

ARTICLE Ier.

Formation de combat du bataillon
en première ligne.

100. Dans ce chapitre, le bataillon est supposé en première ligne et encadré, c'est-à-dire qu'il a d'autres bataillons à sa droite et à sa gauche.

101. Tant que l'ennemi n'est pas dans le voisinage, tant qu'il est trop éloigné pour que son artillerie soit à craindre, le chef de bataillon peut indifféremment employer celle des formations indiquées dans la première partie qui lui paraît la plus avantageuse, suivant les circonstances; mais dès que la présence de l'ennemi est signalée à courte distance, soit par les reconnaissances, soit par les avant-gardes, le chef de bataillon, renonçant aux formations trop compactes et aux colonnes profondes, doit fractionner sa troupe en colonnes de compagnie. C'est la formation la plus convenable pour se mouvoir à l'aise sur toute espèce de terrains, sans éprouver de trop grandes pertes.

On peut, dans cet ordre, se rapprocher jusqu'à 2,000 mètres environ de l'artillerie ennemie ; *alors seulement* le chef de bataillon prend la formation de combat. Il serait dangereux de le faire plus tôt, et on doit le défendre absolument ; car les troupes sortiraient prématurément de la main du chef, et échapperaient à sa direction, qui devient plus difficile à exercer dès que l'ordre dispersé se substitue à l'ordre serré.

102. En principe, le bataillon encadré, lorsqu'il a sa formation de combat, ne doit jamais occuper en largeur une étendue plus considérable que celle de son front en ligne déployée, augmentée de la moitié des intervalles qui le séparent des bataillons voisins; soit un espace de 300 à 350 mètres pour un bataillon de 800 hommes.

103. Le bataillon s'étant rapproché de l'artillerie ennemie à la distance de 2,000 mètres, le commandant, après avoir donné ses instructions aux capitaines, leur avoir nettement indiqué le point sur lequel ils doivent se diriger et le terrain qu'ils doivent couvrir, détache habituellement deux de ses compagnies pour former la ligne de combat. Ces compagnies se rapprochent de l'objectif désigné, en se subdivisant en trois échelons : tirailleurs, renforts et soutiens.

Elles se conforment, du reste, pour leur déploiement, aux prescriptions du titre III (2ᵉ partie, chapitre 1ᵉʳ).

Les sections déployées en tirailleurs par ces deux compagnies forment la chaîne du bataillon; les sections de renfort, la ligne des renforts; et les pelotons du 3ᵉ échelon, celle des soutiens du bataillon.

La réserve se compose des compagnies qui ne sont pas employées dans la ligne de combat, par conséquent de la deuxième moitié du bataillon. Cette réserve, généralement groupée au début de l'action, mais appelée ensuite à se diviser, suivant que les circonstances l'exigent, se tient, autant que possible, à l'abri des feux de l'artillerie, à 500 mètres environ en arrière de la ligne des soutiens; elle prend la formation et choisit les emplacements qui paraissent les plus convenables en raison du terrain et de la position de l'ennemi.

104. La répartition des troupes dans les divers échelons n'est pas toujours celle qui a été fixée ci-dessus; ainsi il peut arriver, comme il a été dit au titre III (n° 291), que, dans chacune des compagnies appelées à constituer la ligne de combat, on soit obligé de déployer tout d'abord en chaîne la moitié de l'effectif, c'est-à-dire un peloton au lieu d'une section. Mais comme il est généralement désavantageux de mettre tout d'abord trop de monde en première ligne, on ne doit recourir à ce moyen que lorsqu'on est absolument forcé de le faire pour se donner la supériorité du feu. Dans ce cas, les soutiens et la réserve se rapprochent de manière à appuyer la chaîne, et au besoin se divisent et s'échelonnent.

105. Les distances indiquées pour le premier fractionnement du bataillon en ordre dispersé sont des maxima; elles sont modifiées d'après le but qu'on se propose, le genre de combat que le bataillon est appelé à soutenir, et la configuration du sol : en terrain varié et accidenté par exemple, on peut souvent trouver un avantage à rapprocher les échelons ; mais, dans l'intérêt de l'ordre, pour assurer la succession des efforts et éviter un mélange prématuré des subdivisions, il ne semble pas que la profondeur du bataillon, au moment où il prend sa formation de combat, puisse être inférieure à 500 mètres.

106. Tout ce qui vient d'être dit s'applique d'ailleurs au bataillon faisant partie d'une troupe chargée d'attaquer une position; si cette troupe, au contraire, est chargée d'une action défensive, il est avantageux de diminuer les distances entre les échelons. Dans ce dernier cas, on peut admettre que les renforts se tiennent à une centaine de mètres de la première ligne de défense, les soutiens à 100 mètres des renforts, et la réserve à 300 mètres des soutiens.

En outre, les dispositions à adopter dans la défensive, pour le fractionnement du bataillon et l'échelonnement de ses subdivisions, dépendent surtout du terrain et des mesures prises par l'ennemi ; l'article II de ce chapitre contiendra à ce sujet des indications plus détaillées.

Enfin, dans la défense comme dans l'attaque, dès que le bataillon prend sa formation de combat, il détache en avant de son front et sur ses flancs quelques éclaireurs qui ont pour mission d'observer, d'inquiéter l'ennemi et de retarder sa marche.

107. Les capitaines des compagnies qui constituent la ligne de combat se placent à l'endroit d'où ils peuvent le mieux voir et diriger l'action, habituellement vers le centre du terrain occupé par leur troupe ; il en est de même du chef de bataillon, qui, conformément aux principes généraux indiqués ci-dessus, peut ainsi régler les mouvements de l'ensemble, et veiller à ce que chacun, tout en exerçant sa part d'initiative et en prenant les dispositions qui lui semblent les plus convenables, se conforme aux instructions reçues et ne cesse pas de coopérer à l'action commune.

108. Le drapeau du régiment, s'il se trouve

à un bataillon déployé en ordre dispersé, marche avec la réserve ; les sapeurs le suivent toujours.

Les tambours des compagnies restent également avec la réserve ; les clairons suivent leurs compagnies ; ils sont employés de préférence à la transmission des ordres.

ARTICLE II.

Fonctionnement des divers échelons dans le combat du bataillon.

109. Le combat, comme il a été dit à l'école de compagnie, peut se présenter sous deux aspects :

1° L'offensive ;

2° La défensive.

De plus, il comprend habituellement quatre phases ou moments différents :

1° Reconnaissance de l'ennemi ou de la position ;

2° Préparation (pour l'attaque), ou occupation de la position (pour la défense) ;

3° Exécution du combat ;

4° Poursuite ou retraite.

Chacun de ces cas doit être l'objet de prescriptions et de recommandations différentes ; mais, quel que soit le genre de combat, il faut, dans le fonctionnement des échelons, ne jamais perdre de vue ce principe fondamental, qu'il est indispensable, à tous les moments de l'action, de s'assurer la supériorité du feu, et par elle la supériorité morale qui garantit le succès.

110. La reconnaissance, il est vrai, est une opération préliminaire qui ne rentre pas dans le fonctionnement des divers échelons : c'est l'affaire du chef de bataillon et des commandants de compagnie. Ils se conforment aux prescriptions du titre III (n° 340).

Cependant, pour laisser au combat sa physionomie complète, il est bon de faire figurer ici cette phase de l'action.

1° Offensive.

111. *Reconnaissance*. Quoiqu'ils ne soient pas, à proprement parler, chargés de la reconnaissance, les éclaireurs, pendant la marche en avant, peuvent et doivent donner encore des renseignements utiles : ils indiquent les positions qu'il est avantageux d'occuper successivement ; les points où l'on peut s'arrêter pour tirer avec efficacité, sans trop s'exposer à la vue et aux coups de l'ennemi ; les endroits où il faut, soit avancer avec précaution, soit se mouvoir plus rapidement ; enfin ils s'approchent à couvert aussi près que possible de l'adversaire, et complètent la reconnaissance en rendant compte au chef de bataillon de ce qu'ils ont pu découvrir. Si la configuration du terrain ou les circonstances le rendent nécessaire, le chef de bataillon envoie avec les éclaireurs un officier chargé d'observer et de transmettre tous les renseignements qu'il parvient à recueillir.

112. *Préparation de l'attaque*. Couverte par ses éclaireurs, la chaîne, suivie de ses renforts et de ses soutiens, précédant la réserve, s'avance par escouades groupées jusqu'à 800 mètres environ de la chaîne ennemie. A cette distance, le feu de

l'infanterie devenant dangereux, les escouades se
déploient derrière les éclaireurs, qui, choisis parmi
les meilleurs tireurs, commencent à répondre au
feu de l'adversaire. La ligne de combat continue
à se porter d'abri en abri ; et, quand il le faut,
pour s'assurer toujours la supériorité du feu, vers
600 mètres la chaîne rejoint les éclaireurs. On
tire alors sur tout le front ; puis, à mesure qu'on
avance, les capitaines font porter en ligne une
partie des renforts, la totalité même, s'il est nécessaire ; mais ils observent avec soin de ne les
faire arriver sur la chaîne que par fractions constituées, et de ne les épuiser qu'au fur et à mesure
des besoins, dans le but de retarder le mélange
des sous-unités aussi longtemps que possible.

Les soutiens, subdivisés et échelonnés au besoin,
conforment leur marche à celle des renforts et se
rapprochent peu à peu de la chaîne, en profitant
de tous les abris que leur offre le terrain ; puis,
lorsque les renforts ont été employés, une partie
des soutiens (une ou plusieurs fractions constituées) se porte en ordre serré sur la ligne, pour
donner au feu une nouvelle intensité ; mais c'est
peu à peu seulement qu'on doit se servir de ce
troisième échelon pour renforcer la chaîne ; et dès
que ce rôle lui est attribué, une compagnie de la
réserve vient prendre sa place ; la dernière compagnie suit les échelons qui la précèdent, se conforme à leur marche et s'en rapproche graduelle-
ment.

On continue ainsi à s'avancer par bonds successifs, en profitant de tous les accidents du terrain
pour s'abriter, et en renforçant, à mesure que cela
devient nécessaire, la ligne de feu, jusqu'à ce que
le mouvement en avant devienne absolument impossible. A ce moment, on jette sur la chaîne ce

qui reste disponible de la ligne de combat, et l'on
cherche à ébranler la défense par un feu rapide
concentré sur le point d'attaque, pour compléter
la préparation, de concert avec l'artillerie.

113. *Exécution de l'attaque.* Après quelques
instants de ce feu, si l'on est assez près de la position ennemie pour espérer l'atteindre d'un seul
élan, on fait porter sur la ligne, en ordre serré,
une des compagnies de la réserve, afin d'entraîner
les premières fractions engagées. C'est l'assaut :
les tambours battent la charge, les soldats mettent
la baïonnette au canon, et toute la ligne, enlevée
par ses officiers, se précipite sur l'ennemi au cri
répété de : *En avant!*

Si, au contraire, on ne peut arriver d'un seul
élan sur l'adversaire, il faut du moins profiter du
trouble que le feu rapide a causé dans les rangs
de la défense pour continuer la marche en avant;
cette phase de l'engagement doit être menée avec
la plus grande vigueur et le plus grand entrain,
sans hésitation ni temps d'arrêt sensible dans le
mouvement général de la chaîne et des réserves.
La ligne de combat, se servant de tous les couverts qu'elle rencontre, et concentrant son feu sur
l'objectif désigné pendant les haltes, qui sont aussi
courtes que possible, s'avance rapidement, jusqu'au moment où elle est assez près de l'ennemi
pour l'atteindre d'un seul bond. Alors on fait battre la charge, mettre la baïonnette au canon, et
l'on donne l'assaut comme il vient d'être dit, en
faisant entraîner la ligne, s'il en est besoin, par la
dernière compagnie de réserve, qui, dans ce moment, doit être très-rapprochée.

Toutefois cette compagnie est le plus longtemps
possible conservée en arrière, prête à s'opposer

aux contre-attaques de la défense, ou même à recueillir la ligne de combat en cas d'insuccès ; elle ne doit être employée qu'à la dernière extrémité ; mais si les circonstances forcent le chef à l'engager, le bataillon correspondant de deuxième ligne la fait remplacer aussitôt par une autre compagnie ; dès lors c'est à cette dernière que revient la mission de repousser les contre-attaques qui seront vraisemblablement tentées par l'ennemi pendant ou après l'assaut.

114. *Poursuite ou retraite*. Dès qu'on a pénétré dans la position, le premier soin doit être de se prémunir contre un retour offensif. La ligne de combat s'avance jusqu'à ce que la chaîne des tirailleurs trouve un endroit propice d'où elle puisse poursuivre l'ennemi de ses feux ; en arrière d'elle, la réserve, qui est arrivée au but massée et dans la main de son chef, s'installe dans la position.

Si l'on a de la cavalerie, elle peut alors intervenir d'une manière très-efficace en s'opposant, par son action ou même par sa simple apparition, à un retour offensif.

On profite ensuite du premier instant de répit pour rétablir l'ordre et reformer la ligne de combat.

Si l'attaque échoue, ou si l'adversaire, renforcé par des troupes fraîches, oblige l'assaillant à abandonner la position conquise, la dernière compagnie de réserve, lorsqu'elle n'a pas été engagée, ou, au cas contraire, les subdivisions du bataillon de 2ᵉ ligne qui se sont portées en avant recueillent la ligne de combat et se déploient pour offrir une première résistance ; elles donnent ainsi aux combattants en retraite le temps de se rallier et de prendre position plus en arrière.

Lorsque l'ennemi est visiblement en désordre et qu'on ne risque pas de compromettre les résultats obtenus, on peut aussi, comme il a été dit au titre III (n° 337), envoyer à sa poursuite quelques fractions de troupes; mais elles ne doivent pas aller trop loin, pour ne pas s'exposer à être coupées, et elles ont surtout à se garder des embuscades.

C'est là encore un moment favorable pour employer utilement la cavalerie, qui peut alors harceler l'ennemi, inquiéter sa retraite et gagner en avant le plus de terrain possible.

2° Défensive.

115. *Reconnaissance.* La reconnaissance concerne particulièrement le chef, qui trouvera au titre III (n° 332) toutes les indications nécessaires pour faire cette importante opération aussi complétement que possible. Les éclaireurs, détachés en avant du front et sur les flancs, servent non-seulement à signaler, comme dans l'offensive, les mouvements de l'ennemi et les dispositions qu'il prend, mais encore à indiquer la direction de son attaque, à tenir à distance ses éclaireurs et ses reconnaissances. Tant qu'ils ne sont menacés que par de faibles partis, ils peuvent rester en avant, et, par quelques essais de résistance, par quelques coups de feu tirés à propos, amener l'ennemi à se déployer et à dévoiler ses intentions ; puis, dès que commence l'action, ils doivent se replier sur la ligne de défense. Plus souvent encore que dans l'offensive, il est bon d'envoyer avec les éclaireurs un ou plusieurs officiers qui observent et rendent compte de tout ce qu'ils peuvent remarquer.

116. *Occupation de la position.* Une occupation judicieuse de la position est d'une importance capitale pour une troupe chargée d'un combat défensif. La chaîne doit être très-dense dès le début, afin que la défense possède toute la puissance possible, et que l'on ne soit pas obligé d'abandonner certains points qui plus tard ne pourraient être repris que moyennant des pertes sensibles : mais ceci n'exclut pas la nécessité d'avoir en arrière, comme il a été dit à propos de l'offensive, des échelons chargés de renforcer et de soutenir cette première ligne ; seulement ces échelons doivent être plus rapprochés.

La ligne de défense est déterminée par la configuration du terrain ; il n'est pas toujours avantageux de l'occuper uniformément. On se poste de préférence aux points qui, tout en présentant un abri contre les feux de l'artillerie, offrent en avant un champ de tir libre et découvert ; mais, dans les limites de la portée efficace du fusil, les diverses parties du front doivent se prêter un mutuel appui, et n'être pas séparées par des obstacles infranchissables. S'il se trouve à peu de distance en avant des points favorables à la défense, on les fait occuper par des fractions constituées plus ou moins fortes ; elles ont pour mission non-seulement d'observer et de battre les abords de la position, mais d'inquiéter les colonnes ennemies, de retarder leur marche par une première résistance, de contraindre l'adversaire à déployer ses forces, et de le fatiguer en l'obligeant à les engager au moins en partie. On cherche des points de repère sur le terrain qui s'étend en avant et sur les côtés ; on apprécie les distances de tir et on les indique aux tirailleurs de la chaîne : on montre aux renforts et aux soutiens les meilleures directions à suivre

pour se porter en ligne ; on dispose aux ailes et
en arrière des autres points faibles des subdivisions
chargées de veiller à la sécurité de la ligne de
défense, et d'exécuter à l'occasion des contre-
attaques ou des mouvements de flanc ; on recherche
et l'on utilise tous les abris qui peuvent se rencontrer sur le front ou dans un certain rayon en
arrière ; si le temps et les circonstances le permettent, on renforce la position au moyen de
tranchées-abris, abatis, coupures, barricades, etc.,
en cherchant notamment à se mettre à l'abri des
feux de l'artillerie ; on s'assure une ligne de
retraite et des communications avec les bataillons
voisins ; enfin et surtout on prend toutes ses dispositions pour rendre possible et facile le passage
de la défensive à l'offensive.

117. *Exécution.* L'ennemi prononce son attaque ; ses tirailleurs s'approchent et commencent leur feu ; les éclaireurs de la défense détachés
en avant rentrent assez tôt pour ne pas gêner le
tir de la chaîne, qui répond à l'adversaire, lente-
ment d'abord, tant qu'il est éloigné, puis plus
énergiquement, de manière à faire aux troupes
assaillantes, lorsqu'elles arrivent à bonne portée,
le plus de mal possible, et à arrêter leur marche.
En ce moment on a pu se rendre compte des pro-
jets de l'assaillant par les dispositions qu'il a
prises ; les renforts se portent aux points les plus
menacés et donnent au feu une nouvelle intensité,
en employant, à l'occasion, les salves contre les
subdivisions massées qui s'avancent pour renforcer la chaîne de l'assaillant. Les soutiens rempla-
cent les renforts dans leurs abris, puis se jettent
à leur tour sur la ligne, en partie ou en totalité,
suivant les circonstances, au moment où l'on pré-

voit que l'adversaire va passer à l'acte décisif ;
ils dirigent des feux rapides et quelquefois des
feux de salve convergents sur les fractions les
plus compactes de la ligne d'attaque, et commu-
niquent à la résistance une nouvelle énergie. Les
gradés règlent l'intensité du feu, indiquent les
distances, et font tirer de préférence sur les officiers, les groupes, les soutiens, les réserves, dès
qu'ils se montrent à découvert. Dans certains cas
on peut se servir avantageusement des feux étagés ;
mais alors les fractions de troupes qui se trouvent
en arrière ne doivent exécuter que des feux à
commandement.

Une partie de la réserve a suivi le mouvement
et remplacé les soutiens ; le reste se rapproche
en même temps pour être prêt à toute éventualité.
L'artillerie, qui a dans le principe contre-battu
celle de l'ennemi, a dû depuis lors diriger son feu
sur l'infanterie de l'assaillant, qu'elle couvre de
projectiles pendant sa marche en avant.

Si, malgré tout, l'ennemi continuant à se rapprocher, est près d'arriver sur la position, le chef
de bataillon, bien pénétré de ce principe, que rien
n'est susceptible d'affecter le moral d'une troupe
comme de continuer à rester sur la défensive pour
recevoir une attaque, a recours à sa réserve et
prend résolûment l'offensive. Il emploie tout ce
qu'il a de disponible à exécuter une contre-attaque,
combinée autant que possible avec un mouvement
sur le flanc de l'assaillant ; en tout cas cette contre-
attaque doit être préparée par un redoublement
de feu sur le front de la ligne de défense.

Le moment est des plus favorables : le feu de
mousqueterie de l'attaque a cessé ou manque de
justesse ; son artillerie allonge son tir pour ne pas
atteindre ses propres troupes ; celles-ci se trouvent

d'ailleurs plus ou moins en désordre par suite de la confusion qui se produit toujours jusqu'à un certain point à l'instant de l'assaut. Il faut en profiter pour les surprendre par cette brusque offensive, se précipiter sur elles à la baïonnette, et les rejeter le plus loin possible de la position.

Si l'on a de la cavalerie sous la main, on peut aussi s'en servir alors avantageusement, en lui faisant fournir une charge résolue qui suffira parfois pour décider de la retraite de l'ennemi.

118. *Poursuite ou retraite*. Mais, à moins de circonstances particulièrement favorables ou d'ordres tout à fait formels, il ne faut pas se laisser entraîner à la poursuite ; il vaut toujours mieux, dès qu'on a gagné un point qui offre en avant un champ de tir favorable, se contenter de couvrir de feux l'ennemi en retraite, de manière à lui faire le plus de mal possible, et l'empêcher ainsi de se remettre en ordre à portée de la ligne de défense. En tous cas on ne doit jamais abandonner totalement cette ligne ; et si une portion des troupes, plus ou moins forte suivant les circonstances, se lance à la poursuite, l'autre portion doit s'y maintenir solidement.

Si l'on ne réussit pas à interdire à l'assaillant l'accès de la position, c'est aux bataillons de 2ᵉ ligne, qui ont dû remplacer les réserves employées, qu'il appartient de recueillir la 1ʳᵉ ligne en retraite, et d'essayer de réparer, par un énergique retour offensif, l'insuccès éprouvé.

A moins d'ordres contraires, c'est à la dernière extrémité seulement et après une résistance à outrance qu'une troupe chargée de la défense d'une position peut l'abandonner pour battre en retraite. Ce mouvement, difficile devant un ennemi rendu audacieux par le succès, doit être exécuté avec sang-froid et dextérité. C'est surtout dans une pareille circonstance que la marche par échelons peut être avantageusement employée ; mais la force des échelons ne doit pas descendre au-dessous des limites fixées à l'école de compagnie (titre III, n° 316). Les fractions restées de pied ferme contiennent la poursuite par un feu nourri et protégent la marche de celles qui se retirent : puis ces dernières s'arrêtent dans des positions favorables pour faire face à l'ennemi, de manière à permettre aux subdivisions les plus avancées de se replier à leur tour.

Combat traîné en longueur.

119. En dehors des deux genres de combat dont il vient d'être parlé, il peut arriver que parfois le bataillon soit appelé à soutenir un engagement qui, en principe, ne doive pas être mené à fond, et dont le but soit surtout de gagner du temps.

C'est le cas du combat que l'on traîne en longueur, s'il s'agit, par exemple, d'occuper l'ennemi sur un point pendant que l'attaque réelle se fait sur un autre ; ou bien d'attendre l'arrivée de renforts nécessaires au succès : ou encore de faciliter un mouvement tournant.

La formation indiquée plus haut convient aussi, dans ses traits principaux, à ce cas particulier ; mais la répartition des forces dans les divers échelons et surtout leur mode d'action dépendent alors d'une foule de circonstances difficiles à prévoir, et il serait dangereux de donner des règles qui ne pourraient servir de guide dans la plupart des cas.

Le caractère d'un combat de ce genre est généralement celui d'une défensive soutenue le plus
longtemps possible au moyen de l'entrée en ligne,
lente et progressive, des subdivisions qu'on a sous
la main. Le chef de bataillon, suivant la mission
qui lui a été confiée, doit, avant tout tenir de son
mieux jusqu'au moment fixé, faire en sorte que
l'adversaire, induit en erreur et toujours dans
l'indécision sur le but poursuivi, ne puisse distraire
aucune de ses fractions de troupes pour la porter
ailleurs ; quelquefois même, pour mieux le trom-
per, il simule une attaque ; toutefois il ne doit pas
se laisser entraîner à une action sérieuse, qui
pourrait compromettre le succès, en forçant les
bataillons voisins à modifier leurs dispositions
pour le dégager.

Une. fois le but atteint, le bataillon se réunit
aux troupes voisines pour agir de concert avec
elles, ou bien il se retire en se conformant aux
indications données ci-dessus pour la retraite.

ARTICLE III.

Ralliement du bataillon.

120. Le bataillon déployé en ordre dispersé
peut être obligé de faire exécuter le ralliement à
une ou plusieurs de ses unités de combat, quelquefois même à toutes ses compagnies.

Cette opération, qui n'implique pas du tout
l'idée de la retraite, ainsi qu'il a été dit au titre III
(n° 318), peut devenir nécessaire lorsqu'on sent
le besoin de remettre les troupes dans la main de
leurs chefs, de former des groupes compactes,
aussi bien pour donner plus de force à l'attaque

que pour offrir plus de résistance sur un point
déterminé.

Le ralliement se fait dans chaque compagnie
d'après les principes énoncés aux titres II et III :
la réserve se rapproche et choisit une position
favorable pour le protéger. Suivant le cas et les
ordres donnés, ou bien les compagnies ralliées
rejoignent la réserve, ou bien la marche en avant
est continuée ; alors on reprend d'abord la formation de combat, en échelonnant les diverses subdivisions, sans s'astreindre à les replacer dans
l'ordre primitif.

Dès que le bataillon n'est plus forcé de rester
en ordre dispersé, on peut, pour le remettre dans
la main de son chef, le former en ligne de colonnes
ou en colonne de bataillon ; ou enfin, si les circonstances le permettent, le rassembler en colonne
double.

121. Si le bataillon en ordre dispersé est attaqué par la cavalerie, il n'est pas toujours nécessaire d'exécuter des ralliements partiels, encore
moins un ralliement général ; cependant les fractions sur lesquelles se dirige la charge peuvent
avoir avantage à se rallier ; elles se conforment
alors aux prescriptions du titre III (n° 371) et
prennent des dispositions particulières, en raison
des propriétés du terrain et des exigences du
moment ; les autres conservent leur formation,
restent à leur place et font converger leurs feux
sur la charge de cavalerie, en ayant soin de ne
pas tirer sur les subdivisions voisines.

Les commandants des soutiens et de la réserve
échelonnent au besoin leurs subdivisions ; et, si la
chose peut se faire sans danger, ils les font con-

courir par leurs feux à la défense contre la cavalerie.

Si une grande charge de cavalerie est signalée, le nombre des groupes, dans les bataillons en première ligne, doit être diminué, et leur force augmentée. On forme, par exemple, un groupe, deux au plus, de chacune des compagnies constituant la ligne de combat, et un autre groupe des compagnies de la réserve; en tout cas, les échelons en arrière se rapprochent de ceux qui sont en avant.

Pour éviter toute surprise, l'apparition de la cavalerie doit être annoncée par un signal convenu, que fait faire le chef de section ou de compagnie qui s'aperçoit le premier de l'approche de la charge; de cette façon, tout le monde est immédiatement prévenu.

CHAPITRE II.

Combat du bataillon non encadré.

122. Les prescriptions contenues dans le premier chapitre relativement au mode d'action du bataillon en première ligne et encadré, à la force de chacun de ses échelons et à leur fonctionnement, ne conviennent pas toujours si le bataillon n'est pas encadré. Le règlement ne peut pas prévoir toutes les hypothèses. Si le chef de bataillon a, dès le temps de paix, fait instruire et exercer ses unités de combat de manière à les préparer à toutes les éventualités; s'il a lui-même acquis l'habileté nécessaire pour les manier et les diriger sur le champ de bataille de telle sorte que chacune d'elles, tout en opérant d'après sa propre initiative pour le détail et l'exécution des mouvements, se conforme aux instructions générales et agisse en vue du but commun, il pourra, dans beaucoup de cas, apporter de lui-même à la formation fondamentale et à son fonctionnement dans le combat les modifications nécessitées par les circonstances.

Pourtant il semble utile de donner dans le règlement, sinon des formules, du moins des indications appropriées aux principales situations dans lesquelles peut se trouver l'unité tactique. C'est l'objet du deuxième chapitre.

Il ne reproduit pas les prescriptions relatives aux exercices de combat contenues dans le chapitre II de la deuxième partie du titre III; mais les manœuvres de ce genre n'en doivent pas moins être reprises et pratiquées par le bataillon, suivant les principes donnés à ce sujet à l'école de compagnie, combinés avec les règles renfermées dans la deuxième partie de l'école de bataillon.

Article Iᵉʳ.

Bataillon isolé.

123. Le bataillon est supposé livré à lui-même et opérant isolément en présence de l'ennemi.

Le caractère particulier d'une pareille situation, c'est que le bataillon, avec ses seules ressources, doit conduire le combat d'un bout à l'autre, en passant par toutes les phases que comporte une action de guerre.

Evidemment, dans ce cas, le premier soin du chef doit être de se garder toujours une réserve, de ménager ses forces, de couvrir ses flancs pour se préserver des surprises, et de s'assurer une ligne de retraite.

La conduite à tenir dépend aussi de la force et
de la composition du parti ennemi, du but à atteindre et des formes du terrain sur lequel le bataillon doit agir.

Pour répondre aux exigences de la situation, il
y a, plus encore que dans le cas du bataillon encadré, tout avantage à adopter la formation en
profondeur, et à n'engager les subdivisions qu'au
moment opportun.

124. *Offensive.* Après la reconnaissance préa-
lable, qui doit être poussée aussi loin et être aussi
complète que possible, le chef de bataillon porte
une compagnie en avant, vers le point d'attaque
choisi. Cette compagnie commence l'engagement,
tâte l'ennemi, l'oblige à déployer ses forces et à
laisser voir les positions qu'il occupe. Elle est
suivie par une deuxième compagnie destinée à
prolonger la ligne de combat, à prononcer une
attaque de flanc qui peut être la principale, à
exécuter simplement une fausse attaque, ou enfin
à soutenir les premières troupes engagées. Les
deux autres compagnies se conforment à leur
mouvement. Au moment décisif, une d'elles est
portée en avant, vers le point où l'effort principal
doit se produire; sa mission est d'entraîner les
deux premières pour donner l'assaut. La 4ᵉ compagnie est conservée comme dernière réserve;
pendant l'action, elle pare aux contre-attaques et
aux mouvements tournants de l'adversaire; plus
tard, en cas de réussite, elle occupe la position
conquise, tandis que les compagnies d'attaque
remettent en ordre leurs subdivisions plus ou
moins éparpillées et mélangées; elle sert enfin,
en cas d'insuccès, à recueillir les tractions engagées, lorsqu'elles sont forcées de battre en retraite.

125. *Défensive*. Dans la défensive, le front devant être fortement garni dès le début de l'action, on y emploie le plus habituellement deux compagnies ; en outre, les renforts sont souvent utilisés tout d'abord sur la chaîne, et les soutiens prennent leur place, de telle sorte que la ligne de combat n'a, par le fait, que deux échelons. Une des deux compagnies de la réserve se rapproche alors de la ligne de défense pour remplacer les soutiens et veiller à la protection des flancs. La quatrième est tenue sous la main comme dernière ressource ; une partie sert, au besoin, à exécuter les contre-attaques et à menacer les flancs de l'ennemi.

Dans tous les cas, si la réserve vient à être employée en entier, il faut à tout prix s'en procurer une nouvelle avec des fractions constituées empruntées aux autres compagnies. Or cette opération est toujours difficile ; on doit donc la retarder le plus possible, en n'engageant sa dernière subdivision à rangs serrés que dans le cas d'une nécessité absolue. L'existence d'une réserve est, pour une troupe qui combat isolément, une question capitale.

126. Le bataillon isolé se conforme, du reste, pour les suites de l'attaque ou de la défense, aux prescriptions contenues dans le premier chapitre ; mais il a, plus encore que le bataillon encadré, à se garder d'une poursuite imprudente, et à se ménager toujours la possession de sa ligne de retraite.

Bataillon à une aile de la ligne.

127. Sans être complétement isolé, un bataillon, placé à une des ailes, peut être appelé à

remplir un rôle spécial, différent de celui des
bataillons encadrés. Par exemple, il sera chargé
de menacer une des extrémités de la ligne ennemie
en la débordant; ou il aura pour mission de distraire, d'occuper l'adversaire sur un point extrême, tandis que le régiment ou la brigade prépare et exécute l'attaque principale sur un autre
point; ou enfin il devra assurer la sécurité de
l'un des flancs ou la possession de la ligne de retraite en arrière de l'une des ailes.

Dans ces conditions, le bataillon a, suivant les
circonstances, soit à s'étendre davantage d'un
côté ou de l'autre, soit, au contraire, à concentrer
ses forces sur tel ou tel point; le chef doit répartir
sa troupe en raison du but à atteindre, et régler
l'action de telle sorte que l'attaque soit vivement
conduite, ou que la défense soit prolongée le plus
longtemps possible, pour donner au corps principal le temps et le moyen de mener à bonne fin
le combat entrepris.

Généralement alors la position la plus convenable pour la réserve du bataillon est derrière
l'aile extrême; là est le point faible, et c'est vraisemblablement dans cette direction que l'ennemi
tentera de faire effort. Quelquefois aussi, surtout
si le bataillon n'est pas relié à la ligne principale
par d'autres troupes, il faut employer une partie
de cette réserve à maintenir les communications;
car, en pareille occurrence, le grand soin du chef
doit être de ne pas se laisser couper et de se con-
former au mouvement général.

Toutefois, si le bataillon placé à une aile a pour
mission d'exécuter une contre-attaque au moment
décisif, de poursuivre l'adversaire après un succès
du gros des troupes, ou enfin de faciliter la marche de l'ensemble en enlevant une position sur

laquelle s'appuie une des ailes ennemies, son chef
doit, au moment voulu , prendre énergiquement
l'offensive avec toutes les forces disponibles, agir
sans retard et sans tâtonnements, et employer au
besoin sa réserve, pour donner à l'attaque toute
la puissance possible. Il engage alors tout son
monde à fond, sans arrière-pensée : car il s'agit
de réussir à tout prix, et une économie de forces
mal entendue pourrait compromettre les résultats
déjà obtenus. En cas d'insuccès, les troupes de
2e ligne sont là pour recueillir le bataillon.

ARTICLE II.

Bataillon avant-garde d'un régiment.

128. Un bataillon chargé de former l'avant-
garde d'un régiment se conforme, pour les mesures de sûreté à prendre et pour l'ordre de marche à observer, aux prescriptions du service en
campagne; mais lorsqu'il arrive en présence de
l'ennemi, il peut être forcé de prendre une formation différente de celle indiquée dans le chapitre Ier de la 2e partie.

129. Lorsque l'avant-garde d'un corps de
troupes n'a pour mission que d'éclairer, d'assurer
la marche de la colonne qui la suit, son rôle peut
généralement être considéré comme purement
défensif.

Dans ce cas, pour couvrir et protéger les mouvements du corps principal, le chef de bataillon
adopte de préférence l'ordre en largeur, c'est-à-
dire qu'il fait prendre la formation de combat à
trois, peut-être même à ses quatre compagnies ;
il étend son front de façon à ne pas se laisser dé-

border ; et si l'ennemi l'attaque, il doit soutenir la
lutte avec ses propres ressources, jusqu'à ce que
le corps qu'il couvre ait achevé de prendre ses
dispositions.

Le bataillon, en attendant l'arrivée de la ligne
de combat formée par les troupes en arrière,
pourra être forcé de déployer toutes ses subdivisions en tirailleurs. Mais ce mode d'action ne
doit, en tout cas, être que momentané ; car, dans
ces conditions, la direction deviendrait impossible
par suite du mélange prolongé de l'avant-garde
avec les portions de troupes appelées à la remplacer sur la chaîne. Aussi faut-il profiter du premier moment de répit pour rallier le bataillon
dès que les tirailleurs du gros l'ont dépassé en
allant prendre position plus en avant, ou même
lorsqu'ils l'ont relevé sur l'emplacement où il se
trouve. Relever des subdivisions engagées en première ligne est toujours une opération difficile et
dangereuse ; mais il faut, dans ce cas excep-
tionnel, en arriver à cette extrémité, si l'on ne
veut pas voir le désordre compromettre le succès.

Si le bataillon se trouve engagé momentanément en avant de la ligne où le corps principal
doit s'établir, ce dernier prend sa formation de
combat en arrière ; l'avant-garde se replie ensuite derrière une des ailes du corps principal,
ou même derrière les deux ailes à la fois.

Si l'ennemi n'attaque pas, mais se montre en
force, le bataillon occupe les points favorables
qu'il trouve sur son front, et se maintient en position d'attente.

Si l'ennemi ne semble pas en nombre égal ou
supérieur, ou s'il ne présente que de faibles détachements, l'avant-garde, après avoir, comme
dans le cas précédent, occupé les points favora-

bles qui se trouvent sur son front, fait elle-même
des simulacres d'attaque pour engager l'adversaire à se déployer et à dévoiler ses intentions.

Enfin, si l'ennemi ne fait voir que des pa-
trouilles, le bataillon d'avant-garde, sans perdre
son temps à prendre position à chaque rencontre,
les refoule en continuant sa marche, et ne s'arrête
que lorsqu'il est sûr d'avoir devant lui une troupe
avec laquelle il lui faut compter.

Si l'ennemi se replie, le bataillon, suivant que
l'ordre en a été donné, prend réellement l'offensive ; ou bien il se contente de le suivre,
sans l'attaquer, de manière à ne pas perdre le
contact.

130. Souvent l'avant-garde est appelée à jouer
un rôle nettement offensif ; par exemple, si le
corps de troupes dont elle fait partie est chargé
d'une reconnaissance offensive, cherche une rencontre avec l'ennemi ou poursuit une arrière-
garde ; mais en aucun cas elle ne doit, à moins
d'ordres formels, s'engager seule à fond ni se
laisser entraîner dans un sens contraire à celui
qui lui a été indiqué ; elle risquerait ainsi de for-
cer le corps qu'elle est chargée de couvrir à agir
dans une direction et dans un but tout différent
de ceux que le commandement supérieur pouvait
avoir en vue dans le principe.

Bataillon arrière-garde.

131. Tenir l'ennemi à distance, l'obliger de
temps en temps à s'arrêter et à se déployer, enfin
retarder sa marche par tous les moyens possibles,
pour permettre au corps principal de gagner du

temps et du terrain, telle est la mission d'une
arrière-garde.

Son rôle est essentiellement défensif, et pour
le remp'ir, elle ne doit compter que sur ses propres ressources.

Un bataillon formant l'arrière-garde d'une colonne en retraite, tant qu'il n'est pas aux prises
avec l'ennemi, se conforme, comme il a été dit
pour l'avant-garde, aux prescriptions du service
en campagne, en ce qui concerne les mesures
de sûreté à prendre et l'ordre de marche à observer.

S'il est attaqué, il résiste, en ayant soin de ne
pas laisser trop augmenter la distance qui le sépare du corps principal, afin de ne pas s'exposer
à être coupé.

Si une arrière-garde a reçu l'ordre de se maintenir dans une position pendant un temps donné,
ou si elle trouve des points qui semblent favorables pour contenir la poursuite de l'ennemi, elle
cherche à tirer des abris et de la puissance de son
feu tout le parti possible, de manière à opposer une vigoureuse résistance et à donner au
corps principal le temps de prendre quelque
avance.

Elle profite de tout manque de circonspection
d'un ennemi trop pressant pour l'attirer dans
des embuscades, ou bien elle tente brusque-
ment contre lui des retours offensifs courts et
énergiques.

Un bataillon d'arrière-garde peut même quelquefois prendre l'offensive, par exemple, s'il est
chargé de garder l'entrée d'un défilé que franchit
le corps principal, ou de défendre la sortie d'un
passage par lequel l'ennemi est forcé de déboucher. Dans le premier cas, l'arrière-garde doit, au

besoin, se sacrifier pour assurer la retraite du
corps qu'elle est chargée de couvrir ; dans le second, elle attaque vigoureusement l'adversaire
au moment où il est sorti en partie du défilé,
de manière à rejeter en désordre ses têtes de
colonne sur les troupes qui sont encore dans le
passage.

Mais, en principe, un combat d'arrière-garde
ne doit jamais être poussé tellement à fond que la
marche du corps principal puisse en être retardée
ou arrêtée, et par suite compromise.

ARTICLE III.

**Action de l'artillerie et de la cavalerie
dans le combat du bataillon.**

132. Le chef d'un bataillon encadré n'a aucune action sur le rôle de l'artillerie et de la cavalerie ; toutefois, il est intéressant pour lui de
connaître d'une façon générale l'influence de ces
deux armes sur la marche du combat. Il se rend
compte ainsi des effets qu'il en doit redouter,
si elles sont adverses, ou du concours qu'il
peut en espérer, si elles sont amies. Ainsi, il ne
doit pas ignorer les deux faits d'expérience suivants :

L'artillerie exerce déjà aux grandes distances,
sur les troupes en ordre serré, une action efficace
qui croît avec la profondeur des formations employées, tandis qu'aux petites distances, au contraire, cette action est proportionnelle au front ;
cette arme est surtout redoutable lorsque, réunie
en grande masse, elle fait converger ses feux sur
un même point.

La cavalerie, dont les effets matériels sont peu considérables, produit un effet moral d'autant plus grand qu'elle donne le plus souvent par surprise contre des troupes en désordre.

Mais cela ne saurait suffire au chef d'un bataillon non encadré, qui doit agir d'après sa propre initiative, c'est-à-dire, d'une part, prendre de lui-même les dispositions nécessaires pour mettre sa troupe à l'abri des pertes inutiles ; et, d'autre part, combiner l'action des trois armes de manière à en tirer le meilleur parti. Dans ce cas, le chef de bataillon a donc besoin de notions plus étendues sur le mode d'action et les effets de l'artillerie et de la cavalerie ; et il est indispensable qu'il sache, au moins sommairement, quels sont les principaux procédés tactiques de ces deux armes.

1° Artillerie et cavalerie ennemies.

133. En conséquence, le chef de bataillon, dès qu'il s'approchera de l'ennemi, cherchera, en étudiant avec soin la carte, dont il doit faire un usage constant, à découvrir les positions d'où l'artillerie adverse pourrait avantageusement concentrer ses feux sur la troupe qu'il commande ; il se rendra compte ainsi de la distance, du moment de sa marche où il aura surtout à craindre les projectiles de l'adversaire ; il renseignera à ce sujet ses commandants de compagnie, et leur donnera toutes les indications nécessaires pour qu'ils puissent régler leurs mouvements de manière à éviter des pertes inutiles. S'il agit offensivement, le chef de bataillon doit s'attendre, pendant la préparation, à voir les pièces de la défense diriger tous leurs coups sur son bataillon,

lorsqu'il exécutera sa marche progressive en
avant; s'il est chargé d'une action défensive, il
se rappellera que l'artillerie de l'assaillant cou-
vrira de ses feux la ligne de défense proprement
dite jusqu'au moment décisif, et qu'ensuite, pour
ne point atteindre ses propres troupes, elle allon-
gera son tir et fouillera le terrain en arrière du
point d'attaque. Dans les deux cas, il prendra
ses mesures en conséquence.

134. Quant à la cavalerie de l'adversaire, le
chef de bataillon doit, pendant sa marche en
avant, se garder avec beaucoup de soin de ses
surprises; il se fait éclairer le plus loin possible,
et porte principalement son attention sur les accidents de terrain d'où une charge pourrait à
l'improviste tomber sur ses flancs ou sur ses der-
rières. Pendant l'action, il fait observer à une
certaine distance le terrain à droite, à gauche et
en arrière, afin que l'approche des partis de cavalerie ennemie qui pourraient chercher à l'inquiéter soit signalée à temps; il se met en mesure de repousser les contre-attaques que cette
arme essayerait d'exécuter, surtout au moment
de l'assaut, où son bataillon arrivera, plus ou
moins en désordre, sur la position de l'adversaire.

2° Artillerie et cavalerie amies.

135. Ici encore il est impossible de donner
des règles précises; en effet, le rôle de ces armes
est différent, suivant qu'on prend l'offensive ou
qu'on reste sur la défensive; suivant que le terrain est uni et découvert, ou couvert et accidenté; suivant enfin que l'adversaire a lui-même à

sa disposition de l'artillerie et de la cavalerie, en nombre inférieur, égal ou supérieur.

Mais on peut dire que les différentes armes, notamment l'infanterie et l'artillerie, doivent sans cesse agir de concert; c'est là un principe qu'il est indispensable, aujourd'hui plus que jamais, d'observer rigoureusement dans le combat, où l'artillerie a pour mission de préparer, d'aider, de compléter l'action de l'infanterie, et de la suppléer à l'occasion.

Il faut donc que le chef de bataillon qui dispose d'un détachement d'artillerie ou de cavalerie soit capable de faire connaître au chef de ce détachement la marche présumée de l'engagement et le rôle qu'il doit remplir, tout en lui laissant le choix des moyens à employer pour rendre ce rôle le plus efficace possible.

136. Ainsi l'artillerie est d'abord employée à contre-battre l'artillerie ennemie. Plus tard, si l'on est sur la défensive, elle couvre de projectiles les lignes d'infanterie de l'assaillant pendant leur marche en avant; ou bien, dans l'offensive, après avoir fait converger ses feux sur le point d'attaque pendant la préparation, elle dirige au moment de l'assaut son tir sur les réserves de la défense. En cas de succès, les pièces se portent, s'il est nécessaire, plus en avant, dans une position favorable, d'où elles puissent poursuivre de leurs projectiles l'ennemi en retraite; en cas d'insuccès, elles restent d'abord sur l'emplacement qu'elles occupent, pour arrêter la première poursuite de l'ennemi; puis elles vont prendre position plus en arrière pour protéger la retraite.

En tout cas, il faut empêcher les tirailleurs du parti adverse de s'en approcher à moins de 1,000

mètres, et en tenir éloignée la cavalerie ennemie.
Si elles sont appelées à se mouvoir ou à agir à
une certaine distance du bataillon, on leur donne
une escorte spéciale.

137. La cavalerie peut aussi être d'une grande
utilité dans certaines circonstances faciles à prévoir. Si, avant le combat, elle a dû reconnaître le
terrain, les positions et les forces de l'ennemi, et
tenir à distance ses éclaireurs, de telle sorte qu'ils
ne puissent ni découvrir ni inquiéter les mouvements de l'infanterie et de l'artillerie, pendant
l'action, elle assure la sécurité des flancs, elle sert
quelquefois d'escorte et de soutien aux pièces d'artillerie, et profite de toutes les occasions favorables pour exécuter de courtes charges, destinées
à jeter le trouble dans les lignes de l'adversaire,
principalement sur ses ailes. Au moment décisif
surtout, elle trouve l'occasion de prendre une part
active à la lutte : ou bien elle repousse énergiquement les contre-attaques ou les retours offensifs
de la défense, de manière à donner à l'assaillant
le temps d'occuper solidement la position conquise
et de reformer ses troupes en désordre ; ou bien,
si elle fait partie de la défense, elle exécute elle-
même des contre-attaques pour empêcher l'assaillant d'arriver jusqu'à la position et de s'y instal-
ler : enfin, si l'ennemi se retire, elle le poursuit ;
dans le cas contraire, elle le contient et couvre la
retraite.

138. Dans le cas particulier où un bataillon
d'avant-garde est appelé à occuper l'ennemi pendant que le corps principal prend ses dispositions
de combat, l'artillerie et la cavalerie attachées à
l'avant-garde ont surtout pour mission, la pre-

mière par ses feux, la deuxième par ses charges
faites à propos, de tenir à distance les détachements que l'adversaire pourrait envoyer à la dé-
couverte, et aussi de l'obliger à déployer ses forces
et à montrer sa propre artillerie ; l'infanterie établie en arrière, dans des positions favorables, se
tient prête à soutenir et appuyer les deux autres
armes.

Si le bataillon d'avant-garde est attaqué ou s'il
prend lui-même l'offensive, les détachements d'artillerie et de cavalerie ont un rôle plus actif et
plus efficace à jouer ; ils concourent alors vigoureusement à la lutte, en secondant l'infanterie de
tout leur pouvoir et en cherchant à faire le plus
de mal possible à l'ennemi.

139. En résumé, dans toutes les circonstances, les trois armes doivent se prêter un mutuel
appui et agir avec un ensemble tel que leurs efforts combinés produisent l'action la plus puis-
sante et donnent à celui qui commande les plus
grandes chances de succès.

Planches de la 2e partie.

Légende explicative.

Les planches qui suivent représentent les quatre moments principaux du combat d'un bataillon sur un terrain donné, ainsi que l'ensemble de ce terrain et une vue perspective du troisième moment. Les détails des moments intermédiaires ne peuvent être indiqués, et il est impossible de retracer les divers incidents de l'action pour tous les cas qui peuvent se présenter. Mais les officiers pourront facilement compléter d'eux-mêmes cette étude.

Ils pourront également s'exercer à transporter l'action sur toute espèce de terrain, en faisant varier d'ailleurs chaque fois l'hypothèse et les circonstances du combat, et enfin en admettant l'intervention de l'artillerie et de la cavalerie, dont il n'a pas été tenu compte dans l'exemple suivant.

Hypothèse.

Le bataillon est chargé d'enlever une hauteur formant éperon au nord de la ligne du chemin de fer.

A droite, un autre bataillon dirige son attaque contre le village situé sur la grande route, au nord-est de la hauteur. (La marche de ce bataillon de droite n'est pas figurée sur les planches).

Premier moment.

Le bataillon prend sa formation de combat ; la chaîne, précédée de ses éclaireurs, arrive, en escouades groupées, à 800 mètres de la hauteur.

Deuxième moment.

La chaîne, déployée en tirailleurs, a rejoint les éclaireurs, et arrive à 500 mètres de la position ennemie. Les renforts se sont rapprochés des tirailleurs et se portent en ligne au moment où la chaîne va prononcer son attaque contre le chemin de fer.

Les soutiens échelonnés suivent à 150 et 300 mètres.

La réserve s'est divisée : une compagnie suit à 500 mètres en arrière de la droite, l'autre se prépare à déborder la gauche pour surprendre le flanc droit de l'adversaire.

La défense occupe la hauteur et ses abords ; elle a profité des formes du terrain pour établir une première ligne de résistance le long du chemin de fer.

Troisième moment.

La chaîne, augmentée des renforts, s'est emparée de la voie ferrée et se trouve à 250 mètres des crêtes ; les soutiens fractionnés se portent en ligne pour exécuter le feu rapide.

Une des compagnies de la réserve suit l'aile droite de la ligne de combat et s'en rapproche constamment ; l'autre s'est d'abord avancée jusque derrière le bois qui se trouve à gauche, en arrière du chemin de fer, pendant que la ligne de combat attaquait la voie ferrée ; puis elle s'est portée à gauche de la ligne et débouche du déblai pour exécuter son mouvement tournant, tandis que la chaîne, grossie des renforts et des soutiens, va attaquer la hauteur.

La défense a replié sa ligne avancée et concentré tous ses efforts sur les crêtes ; ses renforts sont sur la chaîne et ses soutiens s'y portent pour donner au feu toute son intensité. A la vue du mouvement tournant de l'assaillant, la droite de sa ligne de combat, renforcée, s'est portée jusqu'à l'escarpement qui est à mi-côte, pour soutenir les défenseurs de la ferme (1). Une des compagnies de la réserve est à l'aile gauche pour défendre la rampe qui vient du village ; l'autre, à l'aile droite, se prépare à une contre-attaque sur le flanc gauche de l'assaillant.

Quatrième moment.

L'assaut a porté le front de l'attaque sur la hauteur ; en même temps le mouvement tournant exécuté par la gauche et la prise de la partie sud du village par le bataillon qui opère à droite ont forcé la défense à abandonner ses positions. La chaîne va gagner du terrain en avant, pendant que les autres échelons se réorganiseront et s'installeront sur la position. Une portion de la compagnie de réserve qui est à l'extrême gauche poursuit son mouvement tournant et va déboucher à l'angle nord-ouest du bois ; l'autre partie relie cette compagnie à la ligne de combat.

Après une contre-attaque qui a échoué, le défenseur s'est mis en retraite par échelons. Une de ses compagnies de réserve, qui a pu être ralliée, a pris position au nœud de routes qui se trouve

---

(1) Ce mouvement partiel n'est pas indiqué sur le plan topographique du troisième moment, mais il l'est sur la vue perspective.

6.

au nord de la position, pour y recueillir la retraite.
La fraction de l'autre compagnie de la réserve qui
a tenté la contre-attaque s'est retirée par le chemin entre le bois et le ruisseau et s'est ralliée en
ordre serré derrière l'échelon de droite, pour soutenir les efforts des fractions en première ligne,
et former au besoin un nouvel échelon.

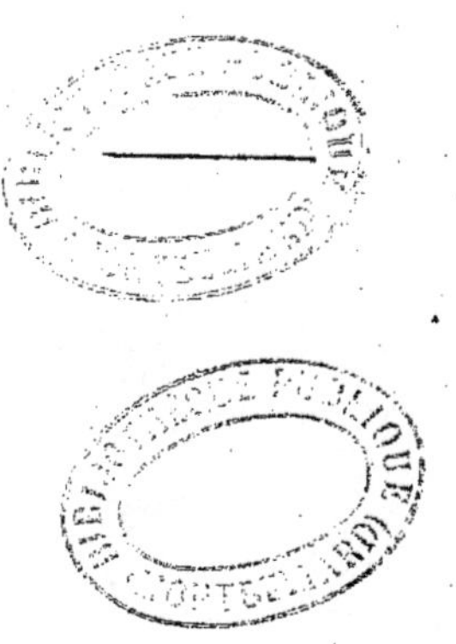

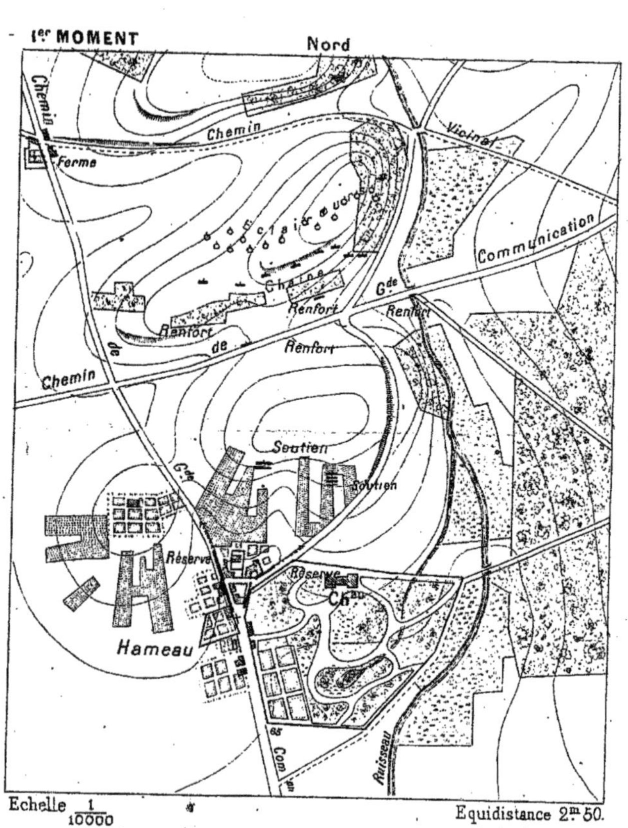

1er MOMENT
Nord
Chemin
Ferme
Chemin
Vicinal
Communication
Claire
Chaîne
Gde de
Renfort
Renfort
Renfort
Renfort
Chemin
de
Chemin
Soutien
Soutien
Réserve
Réserve
Chau
Hameau
Ruisseau
Echelle 1/10000
Equidistance 2m 50.

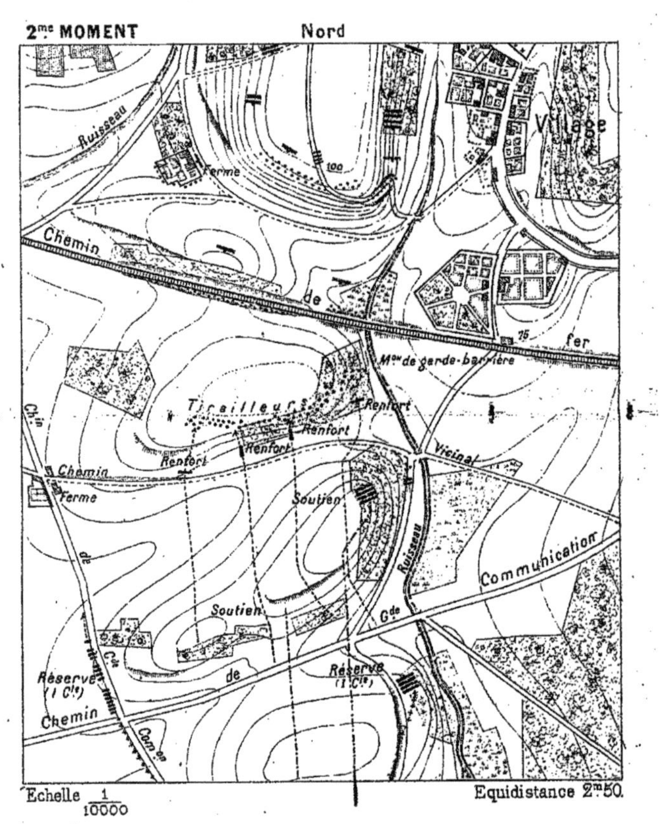

2me MOMENT
Nord
Village
Ruisseau
Ferme
100
Chemin
de
fer
75
Mon de garde-barrière
Tirailleurs
Renfort
Chin
Renfort
Renfort
Renfort
Vicinal
Chemin
Soutien
Ferme
de
Ruisseau
Communication
Soutien
Gde
Cde
Réserve
(1 Cie)
de
Réserve
(1 Cie)
Chemin
Con de
Echelle 1/10000
Equidistance 2m50.

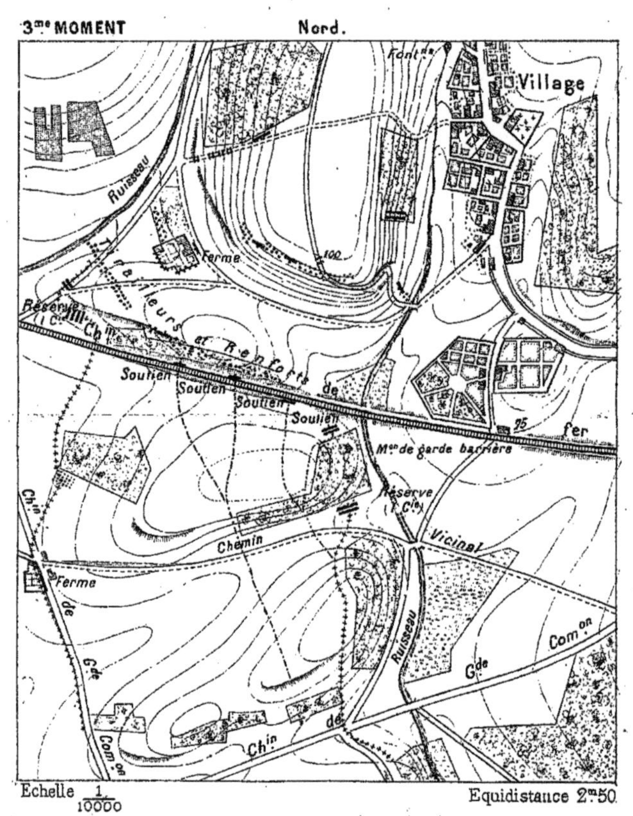

3me MOMENT
Nord.
Village
Ruisseau
Ferme
100
Réserve
(1 Cie)
Tirailleurs et Renforts
Soutien Soutien de
Soutien Soutien
Soutien
fer
95
Mon de garde barrière
Réserve
(1 Cie)
Vicinal
Chemin
Chin
Ferme
de
Gde
Ruisseau
Gde
Comon
Comon
Chin de
Echelle 1/10000
Equidistance 2m50

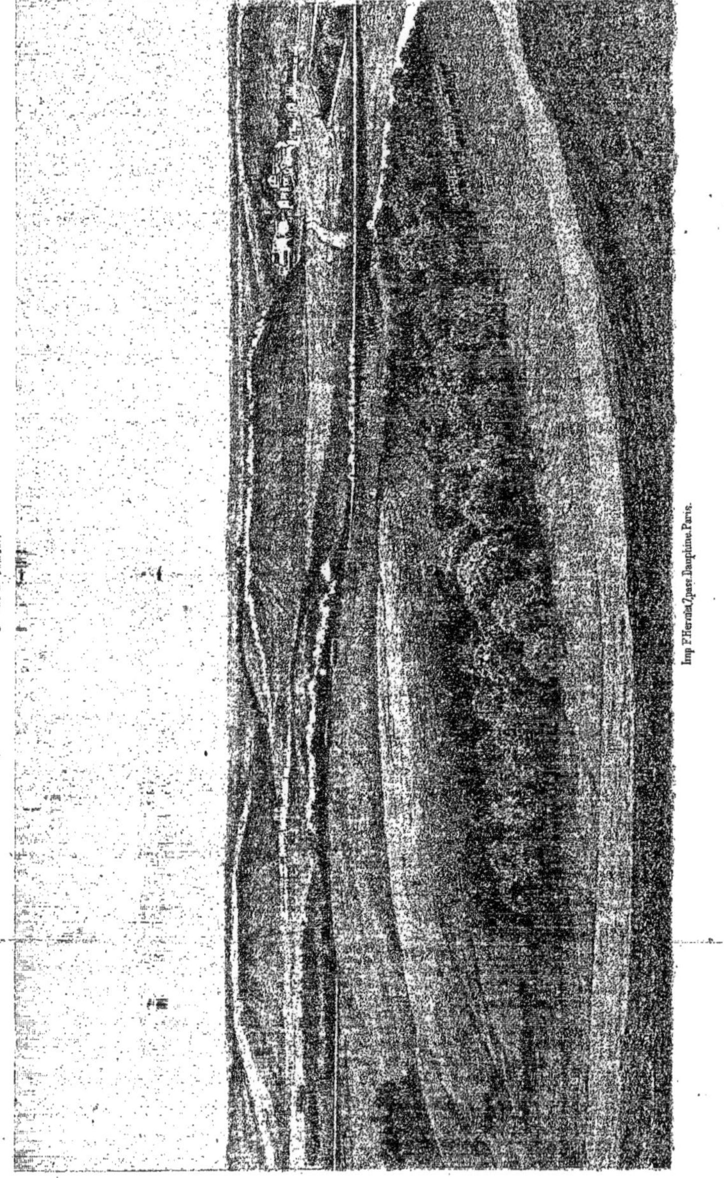

Imp F.Hermet,2.pass.Dauphine.Paris.

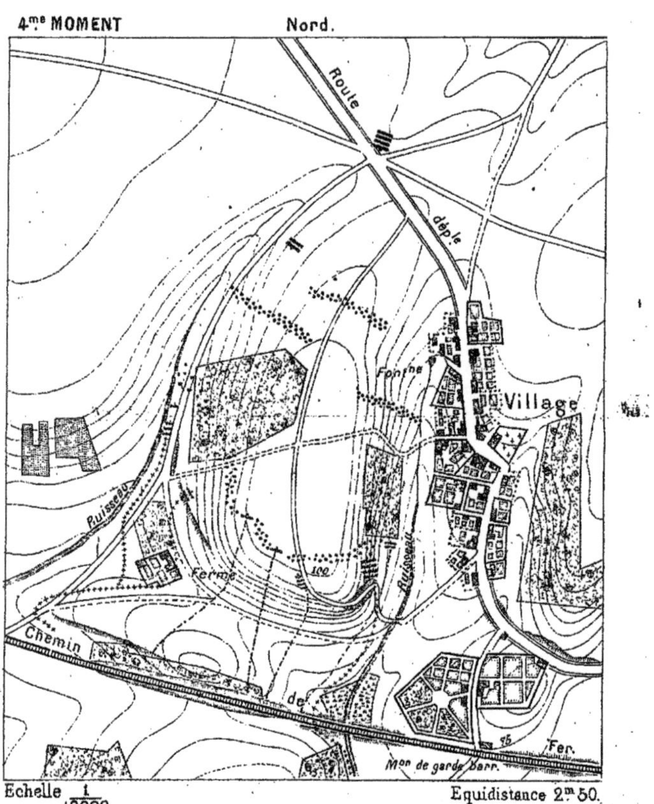

4ᵐᵉ MOMENT
Nord.
Route
dép.le
Village
Fontne
Ruisseau
Ruisseau
ferme
100
Chemin
de
Fer.
Mon de garde barr.
Echelle 1/10000
Equidistance 2m 50.

CARTE D'ENSEMBLE DES OPÉRATIONS.

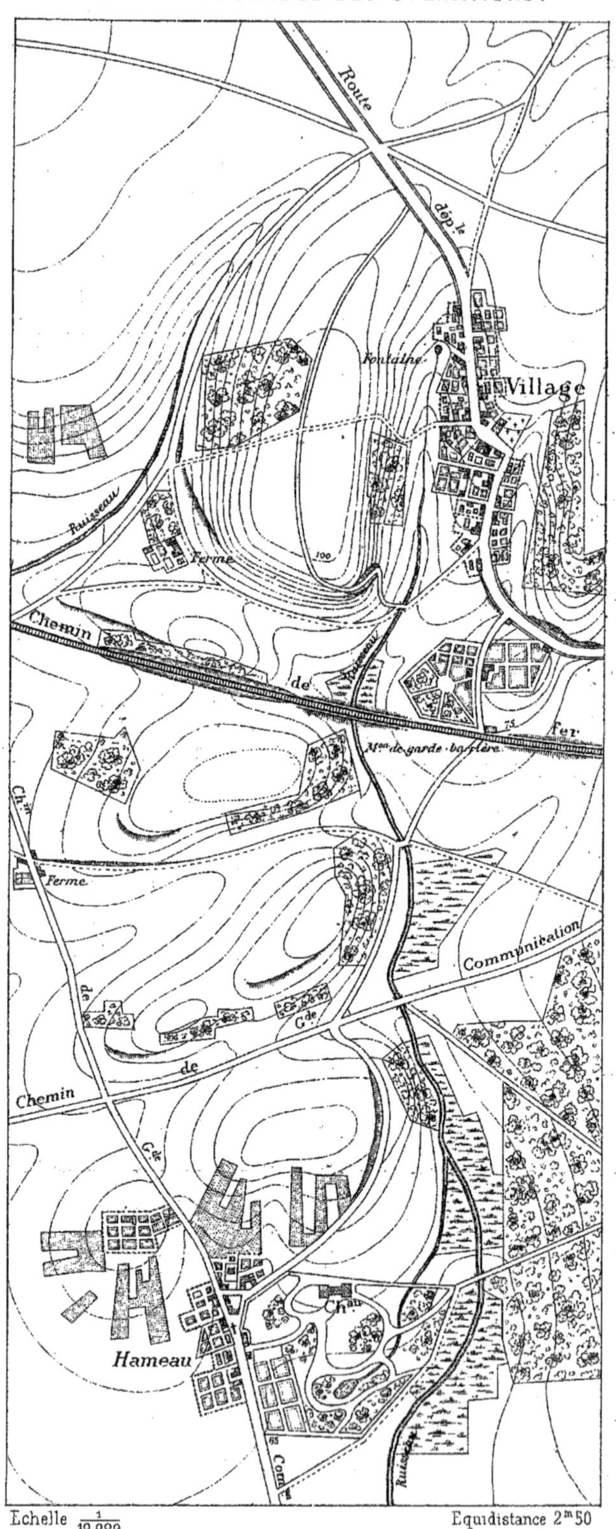

Echelle 1/10.000   Equidistance 2m 50

Paris — Imprimerie J. DuMAINE, rue Christine, 2.